깻잎 투쟁기

깻잎 투쟁기

캄보디아 이주노동자들과 함께한 1500일

우춘희 지음

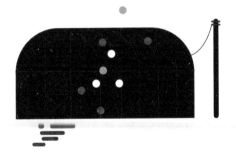

교양인
GYOYANGIN

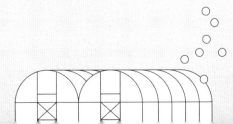

2015년 가을, 나는 사회학 박사과정을 밟기 위해 매사추세츠대학이 있는 미국 북동부의 낯선 땅으로 떠났다. '사회인류학' 수업의 교수는 학생들에게 자신이 관심 있는 주제를 정하고, 1년 동안 매주 최소한 3~4시간을 보내며 참여관찰할 지역이나 공동체를 찾으라고 했다. 이제 막 새로운 동네에 도착해 낯선 환경에 적응하는 일부터 쉽지 않은데, 딩징 연구 주제를 찾아야 한다니 정말 막막했다. 가난한 유학생인 나는 차가 없어 자유롭게 이동할 수가 없었기에 동네 주변에서 관심 대상을 찾으려고 눈에 불을 켜고 다녔다. 어느 하나 쉽지 않은 날들이 이어졌다.

고운 단풍이 들던 어느 금요일, 학교 중앙 도서관 옆 잔디밭에 붉은색 천막이 보였다. 가까이 다가가서 보니 농과대학의

한 수업에서 진행하는 공동체 지원 농업(Community Supported Agriculture, 이하 CSA, 농업 생산자와 소비자가 직접 계약을 맺어 생산과 유통 과정에 공동으로 참여하는 농업 방식) 회원 모집이었다. 나는 천막 안으로 들어가 회원 모집을 담당하는 학생에게 이것저것 물어봤다. 매년 수업을 듣는 10~15명의 학생들이 직접 농업인이 되어 한 해 동안 30~45가지 작물을 심고 재배하고 수확하는데, 여름에는 수확한 채소를 슈퍼에 납품하고 가을에는 모집한 회원에게 배분하고 학생농민장터(UMass Student Farmers' Market)를 운영한다고 했다. 생산부터 유통까지 다 배우는 듯했다. CSA 회원이 되면 이번 가을학기 시작 후 10주 동안 매주 금요일에 학생들이 재배한 유기농 채소 4.5킬로그램을 받을 수 있었다. 그날 나는 350달러(약 40만 원)를 내고 CSA 회원이 되었다. 그리고 그곳에서 1년간 자원 봉사를 하며 사회인류학 수업의 연구를 진행했다.

봄에는 비닐하우스를 짓는 것을 돕고, 씨앗 주문량을 계산하고, 비닐하우스 안에서 모종을 기르고, 트랙터로 밭을 갈고 모종을 본밭에 옮겨 심었다. 여름 방학에는 아침 7시까지 자전거를 타고 학교 밭에 가서 하루 종일 학생들과 엎드려 잡초를 뽑아내기 바빴다. 화학 비료를 사용하지 않는 유기농 재배 방식이라 돌아서면 잡초가 무성했다. 매일 손으로 잡초를 뽑아내며, 이 무성한 잡초 속에서 겨우 싹을 틔우고 있는 당근이 다칠

세라 소중히 다루었다. 가을에는 애지중지 키운 작물들을 수확해 회원들에게 나누어주며 첫 수확의 기쁨을 누렸다.

농업 생산자와 소비자를 넘나들던 1년의 시간을 보내며, 내 관심은 자연스레 한국의 농업 생산자로 향했다. 한국에서는 누가 어떻게 농사를 짓는지, 그들의 삶이 궁금했다. 그리고 그렇게 시작된 연구는 자연스럽게 혹은 필연적으로 이주노동자 문제로 이어지게 되었다. 내가 한국의 지방 곳곳을 다니며 만난 농민들은 입을 모아 말했다. "이제는 외국인 없이 농사 못 짓지." 한국만 그런 것은 아니다. 오늘날 전 세계의 농업은 이주노동자 없이 돌아가지 않는다. 멕시코를 포함한 중남미 사람들은 국경을 넘어 미국과 캐나다에서 농업 이주노동자로 일한다. 동유럽과 북아프리카 사람들은 서유럽으로 가고, 캄보디아, 태국, 베트남, 네팔 등 주로 동남아시아·남아시아 사람들이 한국, 대만, 일본으로 간다.

2018년 5월 한 달 농인 이주노동자노동조합과 이주인권단체들이 조직한 '이주노동자 투쟁투어버스'(이하 투투버스)가 전국을 돌며 문제가 있는 사업장과 관할 고용 센터에 가서 시위를 한다는 기사를 접했다. 나는 이들의 목소리를 직접 듣기 위해 고용노동부 앞에서 예정된 집회를 찾아갔다. 집회 현장에는 하늘색 천에 흰색 글씨로 "사업장 이동의 자유 즉각 보장!" "강제적 임금 착취 중단" "숙식비 강제 징수 전면 폐지" 같은 표어가

적혀 있었다. 마련된 무대 앞에는 20·30대로 보이는 이주노동자들이 자신의 모국어로 쓴 피켓을 들고 앉아 있었다. 연설자가 한 사람씩 나와 이주노동자가 처한 열악한 현실을 고발하며 개선을 요구했다.

그날 이주노동자노동조합 사무국장 오자 씨는 이주노동자의 사업장 변경을 제한하는 법을 개탄하며 이렇게 외쳤다.

"우리는 노예가 되기 위해서 한국에 온 것이 아닙니다. 노동자로서 자유롭게 일하기 위해서 한국에 왔습니다."

이주노동자들은 한국에서 일하는 자신을 '노예'로 비유했다. 그렇다면 나는 노예 상태에 놓인 이들이 만든 것을 먹고 입고 사용한 것이 아닌가? 캄보디아 농업 이주노동자의 장시간 고된 노동과 열악하다 못해 끔찍한 주거 환경에 대해 들었을 때는, 유기농과 무농약이라는 채소에 붙은 상표만 봤지, 그 너머에 있는 이주노동자 문제에 대해서는 제대로 알지 못했다는 생각에 부끄러워 얼굴이 화끈거렸다.

2018년 투투버스 참가를 계기로 하여 농업 이주노동자들과 만남을 계속 이어 갔다. 특히 이주인권단체 '지구인의 정류장'을 찾아갔을 때 거기서 많은 캄보디아 이주노동자들을 만날 수 있었다. 대부분 20대 초중반인 그들은 '고용허가제'를 통해 한국에 온 농업 이주노동자들이었다. 전남 담양 딸기밭, 경남 밀양

고추밭, 충남 논산 토마토 농장, 경기도 이천 유기농 계란 농장, 경기도 여주 돼지 농장, 강원도 철원 파프리카 농장 등 이주노동자들은 다양한 곳에서 우리의 먹거리를 책임지고 있었다.

그들이 전한 이주노동 현장은 참혹했다. 장시간 고된 노동을 강요하며 법으로 정한 최저 시급도 주지 않았다. 몇 달 치 임금을 체불하는 사례도 많았다. 노동자들이 일하는 밭 바로 옆에 있는 비닐하우스나 컨테이너가 그들의 기숙사였다. 그 안에는 화장실도 없어 노동자들은 비닐하우스 밖으로 나가 재래식 화장실을 이용한다고 했다. 사업주의 언어폭력과 성폭력을 호소하는 노동자들도 많았다. 이 모든 일이 현재 한국 사회에서 수년째 벌어지고 있다는 사실이 믿기지 않을 정도였다. 그런데 그보다 더 놀라운 건 그들의 이야기와 삶이 우리 눈에 전혀 보이지 않는다는 것이었다. 나는 이주노동자들이 한국 사회 구성원으로 살면서 생각하고 느낀 것을 알리고 싶다는 생각이 들었다. 2018년 8월 사회건강연구소 주최로 <이주하는 그리고 보이지 않는> 전시회를 개최했다.

이후 이주노동자들과 직접 소통하기 위해 전북대 '동남아언어여름캠프'에 참가해 캄보디아어를 배웠다. 운이 좋게도, 찰스마크 장학금(Dr. Charles Mark Scholarship)을 받아 2019년 8월 캄보디아로 직접 가서 현장 연구를 진행할 수 있게 되었다. 그곳에서 나는 코리안드림을 꿈꾸며 한국행을 준비하는 사람들,

한국에서 4년 넘게 일하고 귀국한 사람들, 그리고 그 가족들을 만날 수 있었다. 그들의 삶을 보고 그들이 말한 '가난'의 깊이를 조금이나마 이해할 수 있었다. 캄보디아에 1년 정도 머무를 예정이었지만 갑작스런 코로나19(COVID-19) 유행으로 인해 2020년 2월 한국으로 돌아오게 되었다. 한국에 돌아온 이후로는 '지구인의 정류장'에서 다시 이주노동자들을 만나며 지원 활동을 했다.

바쁜 나날들이 이어졌다. 사업주의 온갖 불법 행위 때문에, 고용 센터의 소통 문제 때문에 이주노동자들이 수시로 도움을 요청해 왔다. 수천만 원을 임금 체불한 사업주를 찾아가기도 했고 관할 노동청에 가서 사건 조사를 참관하기도 했다. 사건이 해결되면 뿌듯한 마음도 들었지만 그런 일은 많지 않았다. 좌절감을 느끼고 미안한 시간들이 더 많았다.

2020년 여름, 깻잎밭으로 유명한 한 마을에 몇 달간 머물며 캄보디아 노동자들과 함께 지낼 기회를 얻었다. 이주노동자들과 함께 하루 온종일 깻잎을 따며 그들의 노동 환경과 생활환경이 어떠한지 보았고, 사업주들과 인터뷰하며 이주노동자가 온 후 동네 풍경이나 농사일이 어떻게 달라졌는지 들었다. 새벽에 방문한 시내 인력사무소(직업소개소)에서는 미등록 이주노동자('불법 체류자') 취업 알선과 관련한 생생한 이야기를 접할 수 있었다.

하루는 이주노동자들과 함께 오일장에 갔다. 낮에는 장터가 내국인(선주민)으로 북적거렸는데 오후 6시가 넘어가자 일을 끝내고 온 20·30대 이주노동자들로 북적였다. 서울에서는 보지 못한 낯선 광경이었다. 작은 도시인데도 '아시아마트'가 5곳이나 되었다. 그곳에서는 동남아에서 온 각종 식자재를 팔았는데, 파파야, 공심채, 레몬그라스, 베트남 용과까지 없는 게 없었다. 또 외국 음식점들도 옹기종기 모여 있었는데, 캄보디아, 태국, 몽골, 베트남, 인도 등 다양한 나라에서 온 이주노동자들의 사랑방 역할을 하는 곳이었다. 그렇게 이주노동자들은 농촌을 구성하는 사회 구성원으로서 엄연히 존재하고 있었다.

연구를 시작하기 전 나는 그들과 나의 삶이 무관하다고 생각한 것 같다. 커피를 좋아해서 공정무역 커피와 아프리카 생산자들의 삶에는 관심이 있었지만 깻잎밭에서 일하는 노동자들의 표정이 어떤지는 몰랐다. 동물복지 제품을 고르며 스스로를 '가치' 소비자로 여긴 적도 있지만 그 동물을 다루는 손에 대해서는 생각해본 적이 없다. 유기농, 무농약, 친환경, 로컬푸드, 동물복지, 무항생제 같은 표시에만 안심하며 타인의 삶을 들여다보기를 주저한 시간들이었다.

4년이 넘게 이주노동자들을 만나면서 나는 그들이 한국 사회의 구성원으로 자리해 있음을 보았고, 그들의 눈물로 우리의 밥상이 차려지고 있다는 현실도 알게 되었다. 내가 이 책을 통해 말하고 싶은 건 우리 밥상 위의 인권이다. 이주노동자들의 목소리에 귀 기울여 그들이 처한 문제를 같이 고민함으로써 사회 전체가 따뜻한 밥상을 차릴 수 있기를 간절히 기대해본다.

많은 이야기를 들을 수 있었던 것은 사람들의 환대 덕분이었다. 이 자리를 빌려 감사의 인사를 드리고 싶다. 이주인권단체 '지구인의 정류장'은 국적과 체류 자격에 상관없이 모든 지구인을 환영했다. '지구인의 정류장'을 이끄는 김이찬 감독과 캄보디아 노동자들이 만든 '크메르노동권협회'의 쓰레이나 씨는 언제든 누구든 이야기를 터놓을 수 있게 도움을 주었다. 정류장에는 여러 사람들이 오고갔고, 함께 모여 새콤달콤 짭짤한 캄보디아 음식을 만들어 먹었고, 많은 눈물과 웃음이 피어났다. 솔직한 이야기를 들려준 캄보디아 노동자들에게 감사드린다. 또 진솔하게 인터뷰에 응해준 깻잎밭 사업주들에게도 감사드린다.

이주노동자에 대해서 아무도 관심이 없을 줄 알았는데 어느 날 여성주의 저널 <일다>에서 글을 싣고 싶다고 연락이 왔다. 2021년 1월부터 5월까지 9편의 기사를 실었고 기사를 더 풍부하게 이야기로 엮어 이 책이 나올 수 있었다. 공간을 내어준 <일다>와 조이여울 편집장에게 감사드린다.

밥상 인권에 대한 외침에 많은 분들이 울림을 주었다. 찰스마

크장학재단, 청년허브, 사회건강연구소, 하자센터, 전북대 동남아연구소, 한국이주여성인권센터, 이주연구행동모임 MARCO, 매사추세츠대학 선생님들과 친구들, 이윤례, 우상식, 김영선, 최은영, 주해연, 김연정에게 감사드린다. 이주노동자들의 깊은 이야기까지 통역해준 멘쏘끼응 선생님에게도 감사드린다.

한국 사회에서 잘 보이지도 들리지도 않은 이주노동자의 목소리에 몸을 낮추고 귀를 기울여주실 독자분들에게 미리 감사인사를 드린다. 부조리한 상황에 함께 화를 내고 이주노동자의 이야기에 공감해주길 부탁드리고 싶다. 책장을 넘기는 독자들 덕분에 넘실대는 이야기들이 살아서 사회에 작은 반향이라도 일어날 수 있다면 더한 행복은 없을 것이다.

사람이 온다는 건 한 사람의 일생이 오는 것이라는 시구를 좋아한다. 이주노동자는 단순히 '인력'이 되어 우리 사회의 노동력 빈칸을 메우러 오는 것이 아니다. 이주노동자들은 자신의 이야기를 한 보따리 짊어지고 오는 사람들이다. 그 보따리 안에는 삶도 있고, 꿈도 있고, 울음도 있고, 웃음도 있다. 특히 이주노동자의 인권이 있다. 이주노동자의 인권이 보장되지 않는다면 우리의 밥상도 건강하다 말할 수는 없을 것이다.

2022년 5월

우춘희

1장

여기 사람이 살고 있습니다

"낯선 땅에서 일하다
죽게 될까 무섭습니다"

이주노동자 속헹 씨의 죽음

　2016년 4월, 스물일곱 살의 캄보디아 여성 속헹 씨가 한국에 도착했다. 그는 한국에서 취업 활동을 할 수 있는 비전문취업 (E-9) 비자를 받았다. 3년간 체류한 후에 재고용되어 1년 10개월의 비자 연장을 받으면 최대 4년 10개월까지 한국에서 일할 수 있었다. 그렇게 속헹 씨는 경기도 포천의 채소 농장에서 4년 넘게 일했다. 2021년 2월이면 연장한 비자가 만료되어 본국으로 돌아가야 했다. 속헹 씨는 2021년 1월 10일 캄보디아 프놈펜으로 돌아가는 비행기 표를 끊었다.

출국을 3주 앞둔 2020년 12월 20일, 속헹 씨는 기숙사에서 숨진 채 발견되었다. 그의 나이 서른한 살이었다. 숨지기 전날 포천 지역은 기온이 영하 18도까지 떨어져 한파주의보가 내려졌다. 속헹 씨가 살던 집은 비닐하우스 안에 얇은 샌드위치패널로 만든 가설건축물이었는데, 며칠 전기가 끊겨 난방 장치가 작동하지 않았다. 국립과학수사연구원의 부검 결과 속헹 씨의 사인은 간경화로 인한 합병증이었다. 전문가들은 한랭 질환이 직접적인 사인은 아니지만 속헹 씨가 난방도 제대로 되지 않은 곳에서 지내면서 건강이 악화되었을 것이라고 말했다.

여느 캄보디아 이주노동자처럼 속헹 씨는 한국에서 일을 하기 위해 캄보디아에서 돈을 주고 한국어를 배웠을 것이다. 빨리 취업하기 위해, 노동 환경이 더 낫기는 하지만 여성 인력을 적게 뽑는 제조업보다는, 노동 환경은 더 열악하나 상대적으로 여성을 많이 뽑는 농업을 택했을 것이다. 자격 요건인 한국어능력시험에 합격한 뒤에는 한국 사업주의 선택을 받아 근로계약이 체결되기를 기다렸을 것이고, 마침내 그를 고용하겠다는 사업주에게 연락을 받았을 것이다. 만약 2년 안에 계약이 체결되지 않았다면 속헹 씨는 한국어능력시험을 다시 보고 다시 사업주의 연락을 기다려야 했을 것이다. 다행히 근로계약서를 쓰게 된 속헹 씨는 건강검진 결과 문제가 없자 고향의 가족과 친구들을 뒤로 하고 한국행 비행기에 올랐을 것이다.

속행 씨는 그해 고용허가제를 통해 16개국에서 온 5만 8천 명의 이주노동자 중 한 명이었다.

컨테이너에 살거나 비닐하우스에 살거나

나는 2018년부터 경기도, 충청도, 경상남도에서 일하는 이주노동자들, 특히 농업 이주노동자들을 직접 만나 왔다. 보통 내가 그들의 기숙사에 찾아가 이야기를 나누었는데, 기숙사는 거의 대부분 마을과 떨어져 그들이 일하는 농지 바로 옆에 지어진 가설건축물이었다. 그 형태는 비닐하우스 안에 옅은 노란색의 샌드위치패널로 만든 것이거나 컨테이너인 경우가 많았다.

2020년 7월 어느 여름 날, 캄보디아 여성 다섯 명이 함께 사는 집에서 한 시간가량 이야기를 나눈 적이 있다. 컨테이너 두 개가 붙어 있는 열 평 남짓한 공간에 방, 부엌, 샤워실이 하나씩 있었다. 햇빛도 제대로 들지 않았고 환기도 전혀 되지 않았다. 집 안 곳곳에 온갖 벌레가 우글거렸다. 다양한 크기의 바퀴벌레가 여러 군데서 몰려들었고, 한 사람이 건성으로 잡은 파리가 금방 바닥에 쌓일 정도였다. 부엌은 각종 곰팡이가 마치 작은 생태계를 이루는 것 같았다. 관리를 안 해서가 아니라 환경이 그랬다. 그 공간에서 세 명은 방에서 자고 나머지 두 명은 방이 좁아 부엌 앞 공간에서 잔다고 했다.

이런 기숙사 안에는 화장실이 없었다. 볼일을 보려면 집 밖으로 나가 근처 간이 재래식 화장실을 이용해야 했다. 재래식 화장실의 고약한 냄새가 몸과 머리에 배서 두꺼운 비닐 헤어 캡을 쓰고 간다고 말한 이들도 있었다. 화장실을 만들려면 관할 지자체의 정화조 설치 허가를 받아야 하지만 비닐하우스 안에 만든 집은 건축법상 정화조 허가가 나지 않는 불법 건축물이었기 때문이다. 컨테이너 집 내부에도 화장실이 없는 경우가 많았는데, 설치 조건이 까다롭거나 비용이 많이 들어서 만들지 않았다.

이주노동자들의 집은 잠금장치가 아예 없거나 허술한 곳이 많았다. 한 여성 이주노동자는 비닐하우스 집에 술 취한 한국 남성이 찾아와 느닷없이 문을 열라고 큰소리를 치며 문을 두드렸다고 했다. 집이 밭 한가운데 외딴 곳에 있어 그가 도와 달라고 소리를 지른다 해도 이웃 사람들의 도움을 받기 어려운 환경이었고, 한국말이 서툴러 경찰에 신고하는 것도 어렵기는 마찬가지였다. 다행히 그는 근처 식당에서 일하는 한국인 아주머니와 연락이 닿아 도움을 받을 수 있었다.

대부분이 그랬다. 비닐하우스 단지 내 검은 차광막을 친 비닐하우스가 이주노동자들의 집이었다. 문을 열고 들어가면 입구 쪽에는 사업주 부부가 채소를 분류하고 포장하는 작업대와 두세 평 정도의 평상이 있었다. 담배 찌든 냄새와 퀴퀴한 곰팡이 냄새가 뒤섞여 진동했다. 바닥은 울퉁불퉁 진흙 그대로여서 비가 오면 질퍽거렸다. 평상을 지나 비닐하우스 안쪽으로 더 들어가면 어김없이 샌드위치패널로 만든 기숙사가 나왔다. 집 안에는 방과 샤워실이 있고 그 옆에 부엌이 있었다. 비닐하우스 벽에는 온통 검은색 곰팡이가 피어 있었다. 파리와 바퀴벌레도 너무 많았다. 쥐가 있는 경우도 있었다. 이주노동자들은 자주 벅벅 긁은 자신의 팔을 보여주며 가렵다고 이야기했다.

어떤 기숙사는 왕복 2차선 도로 옆에 있는 네다섯 평의 컨테이너였다. 현관문을 열면 샤워실 겸 화장실이 먼저 나왔다. 화장실을 거쳐 들어가야 방문이 나오고, 방은 부엌과 공간 분리 없이 이어져 있었다. 누군가 샤워를 하면 방에 들어가지도 나오지도 못하고 기다려야 했다. 여기에 이주노동자 두세 명이 살았고 더운 여름에 선풍기 하나로 견뎠다. 이곳은 주소도 없어서 노동자들은 택배나 우편물, 건강보험료 고지서를 직접 받아볼 수 없었고 사업주의 집 주소로 받았다.

컨테이너 기숙사가 농수로 위에 있는 경우도 있었다. 컨테이너가 놓일 땅이 마땅치 않자 콘크리트 농수로 위에 얹어놓고 사람을 살게 했다. 집 밑에 물이 흘렀다. 밤에 보면 컨테이너는 허공에 붕 떠있는 것 같았다.

이주노동자들의 기숙사는 화재를 비롯한 재난에 취약했다.

2018년, 캄보디아 남성 이주노동자 12명이 함께 살던 충북 증평의 비닐하우스 기숙사에 화재가 발생했다. 모두 근처 버섯 농장에서 일하던 노동자들이었는데, 다행히 죽거나 심하게 다친 사람은 없었지만 가까스로 몸만 빠져나와 현금, 신분증, 여권, 휴대폰 등 귀중품을 모두 화재로 잃었다. 2019년 12월에는 기숙사 부엌에서 가스가 폭발해 이주노동자가 사망한 일이 있었다. 한 캄보디아 노동자는 예전에 기숙사에서 불이 나 창문으로 가까스로 도망쳤다고 말하면서 새로운 사업주에게 자기 방에 창문을 꼭 만들어 달라고 신신당부하기도 했다. 샌드위치패널로 만든 기숙사에는 창문이 없는 경우가 많았기 때문이다. 편하게 쉬어야 할 집이라는 곳이 누군가에게는 잠을 자다가 죽을 수도 있는 공포의 공간이었다.

이재민이 된 노동자

자연재해가 발생하면 그 사회에서 가장 취약한 계층이 누구인지 알 수 있게 된다. 2020년 여름의 비 피해가 그랬다. 한 기사에 따르면 2020년 8월 2일 집중호우로 인해 경기도 이천시 율면 산양저수지가 붕괴되면서 1백여 명의 이재민이 발생했는데, 이재민대피소 수용 인원 중 80퍼센트 이상이 이주노동자였

다.[1]

근로기준법 시행령 제56조에 의하면 자연재해가 우려되는 장소에 사업주가 기숙사를 제공하면 안 된다. 이에 따라 2019년 7월 고용노동부가 발표한 '외국인 기숙사 시설표'에는, "소음이나 진동이 심한 장소, 산사태나 눈사태 등 자연재해의 우려, 습기가 많거나 침수의 위험, 오물이나 폐기물로 인한 오염 우려가 현저한 장소"를 피해 기숙사를 설치해야 한다고 되어 있다.[2]

그러나 이런 법은 현장에서는 잘 지켜지지 않는다. 농업 이주 노동자의 기숙사는 대부분 농지 위 비닐하우스 안에 있다. 자연재해를 막아줄 안전장치가 전혀 없다. 폭우로 논밭이 잠기면 바로 옆에 있는 그들의 집도 피해를 입었다.

2020년 8월 11일, MBC 기자와 경기도 안성 이재민대피소에 방문했다. 그곳에서 한국에 온 지 이제 3개월밖에 안 된 캄보디아 남성 이주노동자 다빗(가명, 20대) 씨를 만났다. 그의 집은 농지 위 검은 차광막이 쳐진 비닐하우스 안에 샌드위치패널로 만든 것이었고, 물에 잠겼다고 했다. 급히 챙겨 온 그의 짐이 대피소용 칸막이 텐트 안 한편에 놓여 있었다. 그는 힘없이 앉아 있었다.

다빗 씨는 폭우가 쏟아진 날 직접 찍은 동영상을 우리에게 보여주었다. 동영상에는 그날의 다급했던 상황이 담겨 있었다.

동영상 속 그는 소리치고 있었다.

"비닐하우스 채소가 다 물에 잠겼어. 물이 깊어서 어떻게 하지? 어떻게 하지?"

다뷧 씨는 재난 문자를 받지 못했고, 무슨 상황인지 몰랐다고 했다. 일단 몸만 빠져 나와 근처 사는 친구 집으로 대피했고, 물이 다 빠지고 나서야 물에 젖은 옷가지, 외국인등록증, 여권을 챙겨 나왔다고 설명했다. 더 큰 사고로 이어지지 않은 것이 다행이라면 다행이었다. MBC 기자가 그날 상황을 설명해 달라는 말에 다뷧 씨는 다음과 같이 말했다.

"비가 왔을 때 저는 방 안에 있었고 그때는 비가 오는지 몰랐어요. 제가 밖으로 나갔을 때 비가 많이 오고 있었습니다. 농장 비닐하우스와 기숙사 집 안에 물이 차오르기 시작했어요. 물이 차오르자 정말 무서웠어요. 그리고 어디로 가야 할지 몰랐어요. 높은 곳에 사는 친구 집으로 일단 가서 거기에서 이틀 머물렀습니다. 비가 멈추자 내 집에 가서 물건을 가지고 나왔고 지금 이 대피 시설로 왔습니다. 물에 다 잠겨서 마음이 아프고 무섭습니다. (기자: 비가 많이 오는데 문자 받은 건 없었어요?) 없어요. 아무런 문자도 연락도 받지 못했습니다. (기자: 여기 대피소에 있는 다른 사람들은 아르바이트로 하루하루 일을 하잖아요. 걱정되는 게 있나요?) 네. 저도 일을 하고 싶은데 일자리가 없습니다. (기자: 캄보디아에서 이런 홍수 겪어본 적 있어요?) 없습니다."

낮에는 대피소가 텅 비어 있었다. 물난리를 겪고도 많은 이주노동자가 일용직 아르바이트를 하러 갔기 때문이었다. 농번기라 농가에서는 일손이 필요했고 이주노동자들도 며칠 쉬면 손해가 크기에 아르바이트라도 하려 했다.

이재민대피소에서 얼마 떨어지지 않은 곳에 다뷧 씨의 비닐하우스 집이 있었다. 비닐하우스 밖에는 가정용 20킬로그램짜리 회색 LPG 가스통이 있었고, 그 옆에는 햇볕에 말리느라 널어놓은 노란색 장판이 있었다. 집 안에 들어서자 얇은 패널에 검은색 곰팡이가 가득 핀 부엌이 눈에 먼저 들어왔다. '여기서 사람이 다시 살 수 있을까?' 둘러보며 계속 그런 생각이 들었다. 홍수 피해를 입은 지 세 달 후에 다뷧 씨를 다시 찾아갔는데 다행히 그 집에는 아무도 살지 않았다.

월 2백만 원짜리
돼지우리

"돼지우리 같네"

2015년 한국에 입국한 캄보디아 여성 썸낭(가명, 20대) 씨는 경기도 이천에 있는 한 농장에서 일했다. 농번기에는 한국인 아주머니들과 함께 일했는데, 한 아주머니가 썸낭 씨가 사는 곳을 들여다보더니 불쑥 말을 뱉었다. "돼지우리 같네." 썸낭 씨는 자신이 사는 곳이 정말 더럽고 냄새가 나는 곳이어서 그 말을 수긍할 수밖에 없었지만 아무리 그렇더라도 사람 사는 곳인데 돼지우리라고 말한 아주머니가 야속하게 느껴졌다. 게다가 썸낭 씨는 이 '돼지우리' 같은 곳에 돈까지 지불하고 있었다.

농수로 위에 있는 컨테이너에 사는 캄보디아 여성 노동자 두 명을 만나 이야기를 나눌 기회가 있었다. 집 안으로 들어오라는 말에 신발을 벗고 들어갔다. 내가 흔한 인사말로 "집이 좋아요."라고 캄보디아어로 말하자, 한 명이 콧방귀를 뀌며 "언니, 집 안 좋아요."라고 딱 잘라 말했다. 왼편의 개수대와 오른편의 장롱 하나가 이 집 살림의 전부였다. 당연히 화장실은 집 안이 아니라 밖에 있었다. 이 좁은 공간에 두 사람이 기숙사비로 56만 원을 내고 산다고 했다.

2017년 이전에 정부는 고용주에게 알아서 기숙사비를 걷으라고 했다. 기숙사비를 받지 않는 고용주도 있었지만 한 사람당 30만 원씩 받는 고용주도 있었다. 어떤 고용주는 이주노동자에게 하루 10시간씩 일을 시키고서 8시간에 해당하는 최저임금을 주고 나머지 2시간 일한 것은 기숙사비로 제했다. 썸낭 씨의 고용주가 그랬다. 2015년 시간당 최저임금은 5,580원이었고, 하루 10시간씩 부동 한 달에 28일을 일한 썸낭 씨는 월급으로 약 156만 원을 받아야 했지만, 실제로는 125만 원 정도 받았다. 약 31만 원이 기숙사비로 공제되었는데, 한 달 월급의 약 20퍼센트에 해당하는 금액이었다. (고용허가제를 통해 들어오는 농업 이주노동자들은 국민연금 가입 적용을 받지 않는 나라 출신인 경우가 많다. 고용보험 또한 임의 가입 대상인데 대부분 들지 않아 공제 대상이 아니다. 건강보험의 경우 대부분 직장가입자가 아닌 지역가입자로 등록되어 각자 월급에서 따로 낸다.)

이주노동자들은 기숙사비를 받지 않는 사업장에서 일하고 싶어 했고 서로 사업장에 대한 정보를 공유했다. 그러다 보니 기숙사비를 받는 고용주는 그러지 않는 고용주에게 기숙사비를 받으라고 압박했고, 결국 한동네에서는 비슷한 가격대로 기숙사비가 형성되었다.

이주인권단체들은 기숙사비 과잉 책정에 대해 정부에 계속해서 문제를 제기했다. 이에 2017년 2월 고용노동부에서는 '외국인 근로자 숙식 정보 제공 및 비용 징수 지침'을 만들었다. '숙식비 징수 상한선'을 만들어 사업주가 이주노동자에게 과도하게 숙식비를 받지 않도록 하겠다는 취지였다. 그런데 이 지침은 사업주가 제공하는 기숙사가 비닐하우스, 컨테이너 등 임시 주거 시설인 경우에도 숙박비 공제가 가능하다고 명시했다. 당사자가 공제에 동의해야 적용할 수 있다는 조건을 달았지만, 이

	상시 주거 시설 (아파트, 단독 주택, 다세대 등)	임시 주거 시설 (패널, 비닐하우스, 컨테이너 등)
기숙사, 식사 제공	월 통상 임금의 20퍼센트까지	월 통상 임금의 13퍼센트까지
기숙사 제공	월 통상 임금의 15퍼센트까지	월 통상 임금의 8퍼센트까지

2017년 2월에 고용노동부가 발표한 '외국인 근로자 숙식 정보 제공 및 비용 징수 지침'을 정리한 표

를 말해주지 않는 사업주도 많은 데다 낯선 땅에 와 당장 집이 필요한 이주노동자들은 공제에 동의하지 않을 수 없다.

이 지침에 따라 고용주는 임시 주거 시설을 제공하고 월 통상 임금의 8퍼센트까지 기숙사비를 받을 수 있다. 상시 주거 시설의 경우 월 통상 임금의 15퍼센트까지 받을 수 있다. 기숙사와 식사를 모두 제공하면 상시 주거 시설은 월 통상 임금의 20퍼센트를 받을 수 있고 임시 주거 시설은 13퍼센트를 받을 수 있으나, 식사까지 제공하는 농촌 사업장은 거의 없었다. 이 지침이 시행되자 기존에 기숙사비를 받지 않던 고용주까지 기숙사비를 최대로 받기 시작했다. 상한선이 기준선이 되어버린 것이다.

2021년 기준 이주노동자가 한 달에 224시간(하루 8시간씩

	상시 주거 시설 (아파트, 단독 주택, 다세대 등)	임시 주거 시설 (패널, 비닐하우스, 컨테이너 등)
기숙사, 식사 제공	월 통상 임금의 20퍼센트까지	월 통상 임금의 13퍼센트까지
	390,000원	253,000원
기숙사 제공	월 통상 임금의 15퍼센트까지	월 통상 임금의 8퍼센트까지
	292,000원	156,000원

'외국인 근로자 숙식 정보 제공 및 비용 징수 지침'에 따른 2021년 기준 기숙사비 추정 금액. 월 통상 임금은 최저임금 1,953,280원(8,720원×8시간×28일)으로 계산했다.

28일) 동안 일했을 때, 고용주는 정부의 기숙사비 징수 지침에 따라 비닐하우스나 컨테이너 기숙사 제공의 대가로 월급의 8퍼센트인 약 15만 원을 받을 수 있었다. 한 집당 15만 원이 아니라 한 사람당 15만 원이었다. 그것도 농촌 한가운데 비닐하우스 안에 샌드위치패널로 만든 집이나 컨테이너 집이 그랬다.

임금 따라 오르는 기숙사비

앞서 언급한 컨테이너 2개로 만든 집에 다섯 명의 노동자가 살면 얼마를 기숙사비로 내야 할까? 한 사람당 기숙사비 약 15만 원에 각종 공과금 5만 원을 더해 약 20만 원씩 내야 한다. 열 평 남짓 화장실도 없는 그 집에 고용주는 이주노동자로부터 월세 1백만 원을 합법적으로 받을 수 있고 실제로 그랬다.

단독 주택이나 빈집을 개조해 기숙사를 만든다면, 이는 상시 주거 시설로 간주되어 고용주는 한 사람당 월급의 15퍼센트인 약 30만 원을 받을 수 있다. 여기에 전기세, 수도세, 인터넷통신비 등을 합하면 한 사람당 5만~10만 원이 추가된다. 따라서 이주노동자 다섯 명을 고용한 사업주가 농촌의 빈집을 고쳐 기숙사로 제공하면 월세 2백만 원을 받을 수 있다. 다시 말하지만 서울 한복판에 있는 집의 월세가 아니다. 농촌의 논밭 한가운데 다 쓰러져 가는 폐가를 대충 고쳐놓은, 한겨울에 바람이 숭숭 들어오는 집의 월세가 2백만 원인 것이다.

이주노동자는 월급에 비례해서 기숙사비를 내기에 매년 최저임금이 올라도 월급 인상 액수가 그리 크지 않다. 세입자의 월급이 올랐다고 해서 그때마다 집주인이 월세를 올려 달라고 요구한다고 생각해보라. 상식적으로 말이 안 되는 일일 것이다. 그러나 이주노동자에게는 그런 일이 일어나고 있다. 그들은 좁고 더러운 공간에 여럿이 함께 살면서도 어마어마한 월세를 낸다. 너무 당연한 말이지만 한국인에게 상식적이지 않은 정책은 이주노동자에게도 부당한 정책이다.

이 지침에 대해 이주인권단체들이 끊임없이 문제 제기를 해왔다. 이에 대해 고용노동부는 2023년 11월 27일부터 <외국인 근로자 주거 관련 가이드라인>을 시행한다. 숙소비는 주변 시세를 고려하고, 한 숙소에 여러 명이 사는 경우에 숙소비는 공동 부담(1/N)한다는 내용이 담겨 있다. 이 가이드라인이 자리 잡히기까지 시간이 걸릴 것으로 보인다. 문제는 지자체 승인을 받은 가설건축물은 여전히 이주노동자에게 숙소로 제공된다는 점이다. 가건물 숙소에는 여전히 사람이 산다.

'임시' 시설에
'상시' 삽니다

비닐하우스는 집이 아니다

2004년 고용허가제가 도입된 이래로 이주인권단체는 '비닐하우스는 집이 아니다'라는 구호를 외치며, 비닐하우스 같은 열악한 곳을 이주노동자의 집으로 제공하지 않도록 해 달라고 정부에 요구해 왔다. 2018년 이주노동자들의 주거 환경 실태를 고발하는 다큐멘터리 영화 <비닐하우스는 집이 아니다>가 만들어졌다.[3] 이 영화는 2020년 제24회 서울인권영화제에 선정되며 이주노동자들의 현실을 널리 알리는 데 기여했다. 그러나 현실은 변한 게 없었다. 고용노동부는 이 문제와 관련해서

2017년 숙식비 지침만 내놓고 사실상 열악한 주거 환경을 방관하고 묵인해 왔다.

그러다 2020년 12월 20일 속헹 씨 사망 사건이 발생했다. 언론에서 이를 대대적으로 보도했고 사회적 공분이 크게 일었다. 속헹 씨가 세상을 떠난 지 사흘 뒤인 12월 23일, 국무조정실장이 주재한 제28차 외국인력정책위원회에서는 이주노동자 주거시설 개선안이 포함된 '2021년도 외국인력 도입·운용 계획'을 의결했다.[4] 위원회는 2021년 1월 1일부터 "농·어업에 종사하는 외국인 근로자 보호를 강화하기 위하여, 고용허가 시 기숙사 시설 확인 절차를 강화하고, 비닐하우스 내 조립식 패널·컨테이너 숙소 제공 시 고용허가를 불허할 예정"이라고 발표했다. 다음 날 고용노동부는 이 개선안을 포함해 현재 이런 곳에 살고 있는 이주노동자가 자신이 일하는 사업장을 변경하고 싶어 한다면(고용허가제는 이주노동자의 사업장 변경을 제한하고 있다) 이를 허용하겠다는 방침도 함께 발표했다.[5]

갑작스러운 발표에 고용주들은 당황스러워했다. 고용노동부는 지금까지 이런 곳도 이주노동자들이 살도록 허가해주었고, 거기서 기숙사비도 걷을 수 있도록 지침까지 일러주었다. 그러다가 갑자기 태도를 바꾼 것이다. 2020년 12월 20일에 속헹 씨 사망 사건이 발생하자 12월 24일에 고용노동부의 주거 시설 개선 방안이 발표되었는데, 이 방안은 2021년 1월 1일부터 시행될 예정이었다. 이미 비닐하우스 안에 샌드위치패널로 기숙사를 다 지어놓고 이주노동자가 오기를 기다리는 고용주가 한둘이 아니었다. 고용주들은 정부의 졸속 행정 때문에 피해를 봤다며 불만을 터트렸다.

이주인권단체들도 당황스럽기는 마찬가지였다. 고용노동부가 이주노동자의 기숙사로 '비닐하우스 안 컨테이너'는 금지하지만 '비닐하우스 밖 컨테이너'는 허가해주었기 때문이다. 비닐하우스 밖에 있는 '가설건축물'에 대해 관할 지방자치단체로부터 건축허가와 신고필증을 받으면 기숙사로 제공하는 것이 가능했다.[6] 이주인권단체 활동가들은 비닐하우스 유무로 주거 시설을 판단하는 것은 말장난에 불과하다고 비판하며 근본적인 해결책을 요구했다. '가설건축물'은 임시 숙소의 개념이지 상시 주거 시설의 개념이 아니다. 고용노동부는 여전히 '임시 주거 시설'에 이주노동자가 살도록 허가한 것이다.

2021년 1월 고용노동부는 '농·어업분야 이주노동자 주거환경 실태조사'를 발표했다.[7] 2020년 9월부터 11월까지 설문 조사가 실시되었고, 농·어업 사업장 496곳과 이주노동자 3,850명이 조사에 응했다. 이 조사에 따르면 이주노동자 99퍼센트가 사업주가 제공하는 기숙사에 거주하며, 기숙사가 일터 인근에 있는 경우는 59.9퍼센트였다. 이주노동자의 69.6퍼센트가 가설건축물인 컨테이너, 조립식 패널(샌드위치패널), 비닐하우스

농·축산업 이주노동자들이 거주하는 기숙사 형태별 분포

내 시설에서 살았다. 어업을 제외한 농·축산업에서 가설건축물 이용 비율은 73.9퍼센트였다. 더 자세히 살펴보면, 조립식 패널에 거주하는 이주노동자는 37.4퍼센트, 컨테이너는 23.8퍼센트, 비닐하우스 내 시설은 12.7퍼센트였다. 일반 주택에 거주하는 이주노동자는 22.3퍼센트, 고시원·오피스텔·숙박 시설은 1.7퍼센트로 나왔다.

고용노동부는 비닐하우스 밖 컨테이너에 사람이 살 수 있게 허가하면서 이곳에 '임시 숙소'라는 이름을 붙였다. 도대체 여기서 '임시'는 무슨 뜻일까? 이주노동자는 언제까지 '임시'로 사는 것일까? 말 그대로 '임시'로 잠시 살다가 '상시'로 옮겨갈 수 있는 것일까?

이주노동자는 한국에 와서 4년 10개월 동안 '임시'로 살다가 본국으로 돌아간다. 그의 자리를 채우는 다른 이주노동자가 다시 4년 10개월 동안 '임시'로 산다. 비닐하우스, 컨테이너 같은 거주 시설은 변함없이 '상시'적인데, 이주노동자들만 '임시'로 거쳐 가며 그 자리를 채운다. 영원한 '임시' 거주 시설에 이주노동자가 '상시'로 사는 것이다.

정부는 이주노동자를 일손이 필요한 곳에 데려다가 채우는 '인력 수급 정책'의 대상으로만 본다. 오로지 어떻게 농촌의 부족한 인력을 채울지 골몰하며, 일하는 사람은 온데간데없고 수요와 공급의 숫자에만 관심을 쏟는다. 이주노동자가 어떤 곳에서 사는지, 얼마나 오랫동안 일하는지, 최소한의 인간적인 대우를 받기는 하는지, 그 실상에는 별로 관심이 없다. 이들이 다치거나 죽어서 본국으로 돌아가면 다시 이 빈자리를 채울 노동자를 '인력 수급 정책'이라는 이름으로 데려오면 그만인 듯하다.

"차라리 비닐하우스 안에 살고 싶어요"

2020년 여름에 나는 깻잎밭으로 유명한 한 마을에 두 달간 머물면서 농업 사업주들과 이주노동자들을 만났다. 당시 내가 만난 대부분의 이주노동자들은 비닐하우스 안에 샌드위치패널로 지은 집에서 살고 있었다. 2021년 10월에 그곳을 다시 방문했고 많은 변화를 볼 수 있었다. 비록 정부 지침이 바뀌었는데도 여전히 많은 이주노동자들이 비닐하우스 안에 살고 있는 것으로 조사되었지만, 그 마을은 적어도 많은 사업주가 새로운 기숙사를 제공하려고 노력하고 있었다. 시내와 가까운 마을에 집을 찾아 구해주기도 하고 동네 빈집을 수리해 기숙사로 삼기도 했다. 이제는 많은 이들이 임시 주거 시설이 아닌 상시 주거 시설을 집으로 제공하려고 노력하고 있었다. 누군가의 죽음이 있기 전에도 이렇게 할 수 있지 않았을까. 빠른 변화에 다행스러움과 씁쓸함이 교차했다.

고용주 이호석(가명, 60대) 씨는 이전에는 비닐하우스 안에 샌드위치패널로 만든 기숙사를 여성 노동자들에게 제공했지만, 이제는 동네 슈퍼 2층에 있는 집을 기숙사로 만들었다고 말했다.

"이제는 눈에 안 보이니까 편해, 예전에는 집에 누가 놀러오는지 맨날 신경 쓰고, 택배 뭐가 오나 신경 쓰고 그랬는데, 이제는 아무 신경 안 쓰이지. 이제 안 보이니까 속 편해."

예전 기숙사는 점심 때 식사를 해먹거나 잠시 쉬는 그야말로 '임시' 시설로 바뀌어 있었다.

이주노동자 두 명을 고용한 김미자(가명, 60대) 씨는 이곳 마을의 바뀐 상황을 들려주었다.

"이제 얘네들(이주노동자)이 같은 집에 모여서 살잖아. 그러면 정보도 공유하고 그래. 어떤 집이 월급을 더 많이 주더라, 적게 주더라 하더라고. 주인 몰래 다른 집에 가서 야간작업을 하고 시간당 만 원을 벌기도 하고. 근데 문제는 얘네들이 월세가 두 배로 올랐잖아. 그래서 거기서 사는 거 싫어해. 월급 벌어서 월세를 그렇게 많이 내는데 누가 좋아하겠어."

김미자 씨의 말은 반만 맞았다. 일반 주택 같은 '상시 주거 시설'에 살게 된 이주노동자들은 기숙사비가 두 배로 올라서 어렵다고 하소연했지, 집이 싫은 것이 아니었다. 한 캄보디아 여성 노동자는 내게 말했다.

"여기 너무 비싸요. 비닐하우스에서 살고 싶지는 않지만, 그냥 기숙사비 조금 내고 거기서 살고 싶기도 해요."

정부는 주거 시설 개선안을 발표하면서 기숙사 비용 징수 지침은 그대로 내버려두었다. 그 결과 비닐하우스 집에 월세로 20만 원(기숙사비에 각종 세금 포함)을 내던 이주노동자들은 이제 거의 40만 원을 내게 되었다. 기숙사비가 통상 임금의 8퍼센트에서 15퍼센트로 두 배 가까이 올랐기 때문이다. 한 기숙사에 보통 두세 명이 같이 살기에 월세는 적게는 70만 원에서 많게는 120만 원까지 나왔다. 새 기숙사 마련은 고용주에게는 썩 나쁘지 않은 투자인 셈이었다.

충남 부여에서 만난 캄보디아 여성 띠나(가명, 30대) 씨도 기숙사비가 너무 비싸다고 하소연했다. 그의 고용주는 동네 빈집을 수리해 기숙사로 만들었다. 야트막한 대문을 들어서면 가운데 통유리 창의 슬레이트 지붕 집이 보였는데, 좌우에는 흉물스러운 폐가가 그대로 방치되어 있었다. 빈집을 수리했다고는 하지만 도시 사람들이 생각하는 '리모델링' 같은 것은 아니어서 겨울에 춥고 여름에 더운 것은 마찬가지였다. 이 집에서 이주노동자 세 명이 함께 살았는데, 기숙사비가 각종 세금을 제외하고 총 90만 원이라고 했다. 주변에 논밭이 쫙 펼쳐진 허허벌판의 외딴 집 월세가 비싸도 너무 비쌌다.

고용주들은 이들이 '가난하고 못사는 나라'에서 왔기 때문에 열악한 주거 시설에 사는 것이 괜찮다고 생각하기도 했다. 정부는 이런 시설을 방관함으로써 그런 고정 관념을 강화했다. 고용주들은 말로는 자신들이 이주노동자들과 '한 가족'같이 지낸다고 강조했지만 그들도 그들의 자녀두 이런 임시 주기 시설에 살지는 않았다.

2019년 나는 캄보디아에서 직접 현장 연구를 수행하며 지역 곳곳에서 여러 사람을 만났다. 캄보디아는 남한의 두 배 정도 되는 면적에, 인구는 남한 인구의 3분의 1인 약 1670만 명이어서 인구 밀도가 높지 않다. 대부분 널찍한 공간에 나무로 집을 짓고 마당이 있는 곳에서 생활했다. 화장실은 집 내부에 있거나 외부에 있기도 했는데, 모두 깨끗하게 관리했다. 한국의 이주노동자들은 종종 내게 고향에서 짓고 있는 자신들의 집을 사진으로 보여주곤 했다. 시멘트로 기둥을 올려 2층 정도 되는 높이에 있는 집이었다. 깨끗하고 아늑해 보였다. 저개발국에서 온 사람들이라고 컨테이너 집, 비닐하우스 집, 샌드위치패널로 만든 집에서 사는 것이 괜찮을 거라는 생각은 편견이자 인종 차별적 착각이다. 그들도 자신들이 사는 집이 더럽고, 열악하고, 좋지 않다는 것을 당연히 안다.

1961년 국제노동기구(International Labour Organization, ILO) 총회에서 채택한 제115호 '노동자 주택에 관한 권고(Workers' Housing Recommendation)'에 따르면, 정부는 가능한 한 평등하게 이주노동자와 국내 노동자를 대해야 하며, 이주노동자와 그 가족이 사는 주거 시설에 특별한 관심을 기울여야 한다. 이 권고에는 사업주가 노동자에게 직접적으로 기숙사를 제공하는 것이 바람직하지 않다는 내용도 담겨 있다. 그렇게 되면 아무래도 노동자는 사업주의 통제 아래 놓일 수밖에 없는 데다 고립된 지역에 살게 되기 때문이다. 노동자가 사는 집은 사업장과 가까울 뿐만 아니라 지역 사회 시설들과도 가깝고, 주거, 상업, 산업 시설과 서로 연결된 마을이나 도시가 적합하다고 나와 있다. 많은 이주인권단체 활동가들도 이주노동자가 마을에서 선주민(내국인)과 같이 살아야 한다고 주장한다. 맞는 말이지만 현재 마을에 위치한 '상시 주거 시설'의 월세는 이주노동자들에게 너무 비싸다. 사람이 살 만한 곳에서 내국인들이 내는 만큼 월세를 내는 제도적 정비가 필요하다.

2020년 12월, MBC 취재를 따라 경기도 포천에 갔을 때 속헹 씨를 안다는 캄보디아 여성 노동자를 만날 수 있었다. 속헹 씨가 죽기 전 그와 몇 번 같이 밥을 먹었다는 그 노동자는 이야기를 시작하자마자 울먹였다.

"캄보디아 사람이 갑작스럽게 죽었다는 소식을 듣고 정말 놀랐습니다. 저도 무섭습니다. 지금 남의 나라에서 혼자 살아가고 있고, 일하고 힘들고 피곤해서 잠자다가 죽게 되면 여기에는 제 가족도 없으니 두렵고 무섭습니다."

고용노동부는 속헹 씨 사망 원인이 개인의 질병으로 인한 것이라고 발표했고, 사업주는 건강검진 미실시 이유로 30만 원의 과태료만 받았다. '이주노동자 기숙사 산재사망 대책위원회'는 논평을 통해 속헹 씨가 아픈 상황에서 장시간 노동을 하고, 의료 서비스를 받지 못한 상황에서 질병이 악화된 것으로 보고 그의 죽음이 단순히 '개인의 죽음'이 아닌 사회구조가 만들어 낸 죽음일 수 있다고 주장했다. 직업환경전문의는 "한파로 인해 혈관이 급격히 수축되어 파열이 진행되었을 것"이라는 의견을 내기도 했다. 대책위원회는 속헹 씨 유족들의 위임을 받아서 속헹 씨 사망 1주기인 2021년 12월 20일에 산업 재해 보상 신청을 했다.[8] 2022년 4월 28일, 근로복지공단 서울업무상질병 판정위원회는 속헹 씨가 업무상 질병으로 사망했다고 인정했고, 5월 2일 근로복지공단 의정부지사의 산업 재해 승인 결정이 나왔다.

진심으로 속헹 씨의 명복을 빈다. 이제는 따뜻한 곳에서 편히 쉬기를. 그리고 다시는 누구에게도 속헹 씨와 같은 안타까운 일이 생기지 않기를 바란다.

2장

임금 체불의 나라

임금도 못 받고
쫓겨나는 노동자들

"3년 7개월 치 임금을 받지 못했어요"

2015년 6월, 스물두 살의 캄보디아 여성 쓰레이응(가명) 씨는 고용허가제를 통해 한국으로 들어와 경기도 이천의 한 채소 농장에서 일을 시작했다. 2020년 4월, 비자가 곧 만료되어 캄보디아로 출국을 앞둔 그는 하루하루 마음이 무거웠다. 농장주가 밀린 임금을 주지 않았기 때문이다. 2016년 8월부터 2020년 2월까지 하루 10시간, 한 달에 두 번 쉬면서 3년 7개월 동안 받은 임금이 950만 원이었다. 최저임금으로 계산해도 6천만 원이 넘는 돈을 받지 못한 것이다.

쓰레이응 씨가 임금을 제대로 받은 것은 2015년 6월 말부터 2016년 7월 말까지 13개월뿐이었다. 2016년 8월분부터 월급이 들어오지 않았다. 고용주는 이따금씩 20만 원, 40만 원, 1백만 원을 넣어주었는데, 그렇게 3년 7개월 동안 받은 돈이 합해서 950만 원이었다.

쓰레이응 씨는 땅을 팔아서라도, 은행에서 빌려서라도 밀린 임금을 다 주겠다는 농장주의 말만 믿고 기다렸다. 혹시나 월급을 제대로 받지 못할까 봐 매일매일 일한 시간을 수첩에 기록하며 버텼다. 생활비가 없어 농장주가 사다 준 식재료로 근근이 생활을 이어갔다. 그마저도 다 떨어지면 한국에서 일하는 남동생이 보내준 돈으로 생활했다.

2020년 3월, 쓰레이응 씨는 농장주에게 밀린 월급을 달라고 다시 요구하며 자신의 노동 시간을 빼곡히 적은 수첩을 보여주었다. 그러자 농장주는 그 수첩을 빼앗아 불에 태워버렸다. 그래도 그가 임금을 달라고 계속 요구하자 농장주는 기숙사 방문을 부수었다.

쓰레이응 씨는 들판 한가운데 비닐하우스 안에 지은 집에 살았기에 주변에 도움을 청할 곳이 없었고, 어디서 도움을 구해야 하는지도 몰랐다. 쓰레이응 씨는 그날 문 없는 방에서 뜬 눈으로 밤을 새웠다. 다음 날 그는 몸만 급히 빠져나와 '지구인의 정류장'에 도움을 청했다.

'지구인의 정류장'은 다큐멘터리 영화를 만들던 김이찬 감독이 2009년 경기도 안산에 세운 이주인권단체이다. '지구인'이라면 누구든 편히 와서 쉬고 놀고 이야기할 수 있는 공간이라는 의미로 이름 지은 '지구인의 정류장'은, 김이찬 감독이 다큐멘터리 제목으로 구상한 데서 따온 것이라고 한다. 본래는 이주노동자가 스스로 자신의 목소리를 낼 수 있도록 미디어 교육을 진행하는 곳이었는데, 이주노동자들이 임금 체불, 성폭력, 열악한 주거 환경을 비롯한 생존 문제로 곤란을 겪는 것을 본 김이찬 감독과 최종만 감독이 답답한 마음에 캄보디아어를 직접 배워 그들을 직접 지원하기 시작했다.

나는 김이찬 감독과 무료 변론을 맡기로 한 최정규 변호사 그리고 MBC 취재팀과 함께 쓰레이응 씨의 농장을 찾았다. 최정규 변호사가 "3년 넘게 돈을 안 주신 거죠?"라고 묻자 50대 남성 농장주는 그렇다고 수긍했다. 기자가 "미안하지도 않습니까?"라고 말하자 농장주는 오히려 반문했다 "왜 미안 안 합니까? 미안하죠. 그런데 당신이 한번 농사 지어보라고. 사정이 그렇게 되었을 때는 이유가 있죠. 그렇다고 내가 잘했다는 게 아니잖아요. 그럼 내가 한국은행이라도 털어요?"

심지어 농장주는 쓰레이응 씨 이전에 고용한 다른 이주노동자에게도 임금을 주지 않아 처벌받은 전력이 있었다. 최정규 변호사가 이를 지적했다. "여기 고용된 다른 캄보디아 남성 노동자에게 임금을 주지 않아서 신고당했잖아요. 근로감독관이 조사했고 4개월 치 임금 안 줬다고 해서 검찰 송치돼서 처벌받으셨잖아요." 그러자 고용주는 큰 처벌은 받지 않았다고 둘러대며 벌금만 냈다고 답했다. 그에게는 임금 체불로 인한 벌금이 대수롭지 않은 듯했다.

최정규 변호사는 밀린 임금이 얼마나 되는지 농장주에게 물었지만 그는 계산해보지 않았다며 얼마인지 모른다고 말했다. 적어도 6천만 원은 될 거라고 알려주자 그의 눈이 휘둥그레졌다. 계속 임금 체불에 대해 추궁하자 농장주가 언성을 높이며 말했다. "그럼 신고해요. 그게 나도 편해요. 벌금만 내면 되니까, 그게 편하다고."

보다 못한 김이찬 감독이 한마디 했다. "같이 일한 사람이 중요하지, 벌금이 중요합니까?"

'사업주 동의'라는 굴레

2020년 4월 9일, MBC 뉴스데스크에 "수천만 원 떼먹고도 '당당'… 빈손으로 울며 귀국"이라는 제목으로 쓰레이응 씨 사건이 보도되었다. 다음 날 최정규 변호사는 고용노동부 외국인 인력담당관실 소속 사무관에게 연락을 받았다고 했다.

"사무관이 저에게 전화해서 대뜸 이렇게 물었어요. '도대체 3년 동안 임금 못 받으면서, 거기 왜 있었대요?' 정말 이 이야기를 듣고 화가 났어요. '그게 고용노동부 사무관이 할 말입니까? 왜 3년 동안 노동자가 임금 체불 문제를 제기하지 못했는지 조사해야 하지 않습니까?'라고 따져 물었죠. 그러자 그 사무관이 저한테 고용주 연락처를 알려 달라고 했어요. 그래서 이렇게 대답했죠. '알려주지 않겠습니다. 경기도 이천 전수 조사를 하면 고용주가 누군지 나올 겁니다. 전수 조사를 하세요.' 그게 맞잖아요."

오랜 기간 임금 체불을 당했다고 하면 일부 사람들은 왜 그렇게 될 때까지 버텼냐고 되물으며 이해하지 못하겠다는 반응을 보이는 경우가 있다. 그러나 이 질문은 피해자가 처한 상황을 고려하지 않은 채 피해자의 잘못을 탓하는 부적절한 반응이다. 문제의 상황을 정확히 파악하기 위해서는 질문을 재구성해야 한다. 어떻게 고용주는 이주노동자에게 3년 넘게 월급을 주지 않고 붙잡아놓을 수 있었을까? 왜 그동안 이주노동자는 도움을 받을 수 없었을까? 외국인 인력 수급을 관할하는 고용노동부는 임금 체불 문제에 어떤 대책이 있는가?

MBC 보도의 여파는 제법 컸다. 담당 사무관의 전화에 더해 고용노동부의 언론 보도 설명 자료까지 다음 날 바로 나왔던 것이다.[9] 그동안 이주노동자들과 이주인권단체에서 임금 체불과 관련해 계속해서 문제 제기를 해도 꿈쩍도 안 하던 정부가 언론 대응에는 놀라울 만치 발 빠르게 대응했다.

설명 내용

□ 금품 체불 경우에도 사업주 동의가 있어야 사업장 변경이 가능하다는 보도 내용은 사실과 다름

○ 외국인 근로자는 금품 체불, 부당 처우, 휴·폐업, 고용허가 취소·제한 등 '근로자의 책임이 아닌 사유'로 근로를 계속할 수 없는 경우에는 사업주의 동의가 필요 없고, 횟수와 상관없이 사업장 변경이 가능함

○ 아울러, 사업주가 근로 조건 위반 및 임금 체불 등 노동관계법을 위반할 경우 고용허가를 취소하고, 외국인 근로자 고용을 최대 3년간 제한하고 있음

* 기사 관련 해당 사업장은 2015. 11. 3. 임금 체불 진정이 제기되어 2016. 12월 기소의견으로 검찰 송치(체불액 340만 원)

□ 보도 관련 해당 외국인 근로자(캄보디아, 93년生<여>)에 대한 금품 체불건은 사업주를 대상으로 직권수사 후 혐의사실에 대해서 형사 처벌 계획임

○ 근로자의 금품청산 권리구제를 위해 관할관서 통역원 지

원 및 법률구조공단 체불구제 서비스를 지원하고, 사업장은 즉시 고용허가 취소 및 제한 조치 예정임

　* 출국만기보험 및 체불보증보험을 통하여 일부 금액 청산 가능

　고용노동부의 설명 자료는 전날 언론 보도 내용의 부정확성을 강조했다. MBC 기자는 쓰레이응 씨가 3년 넘게 월급을 받지 못하고도 같은 농장에서 일할 수밖에 없던 이유를, 사업주의 동의가 있어야만 사업장을 바꿀 수 있는 '고용허가제' 때문이라고 지적했다.

　그러나 고용노동부는 "외국인 근로자는 금품 체불, 부당 처우, 휴·폐업, 고용허가 취소·제한 등 '근로자의 책임이 아닌 사유'로 근로를 계속할 수 없는 경우에는 사업주의 동의가 필요 없고, 횟수와 상관없이 사업장 변경이 가능"하다고 반박했니. 또한 "사업주가 근로 조건 위반 및 임금 체불 등 노동관계법을 위반할 경우 고용허가를 취소하고, 외국인 근로자 고용을 최대 3년간 제한"하고 있다고 설명하며, 쓰레이응 씨의 사업주는 쓰레이응 씨가 고용허가제로 들어온 이후인 2016년 12월에 기소 의견으로 검찰에 송치된 것이라고 덧붙였다.

　고용노동부의 주장이 틀린 것은 아니다. 이주노동자의 사업

장 변경은 '외국인근로자의 고용 등에 관한 법률'(이하 외국인고용법)에 따라 엄격히 제한되어 있는데,[10] 쓰레이응 씨처럼 임금체불을 당한 경우, 고용주가 근로계약 해지에 동의하지 않아도 사업장을 변경해 다른 곳에서 일하는 것이 가능하다. 그러나 현장에서는 이를 모르는 노동자가 많다. 정보 접근성이 너무 떨어져 제대로 된 제도가 있어도 제도에서 배제되는 것이다.

내가 쓰레이응 씨에게 고용주가 월급을 주지 않으면 동의 없이도 사업장을 변경할 수 있다고 말하자 그는 눈을 동그랗게 뜨고 나를 쳐다봤다. 나는 캄보디아어로 다시 천천히 말했다.

"사장님이 당신에게 월급을 안 줘서 당신이 직장을 바꾸길 원한다면, 직장을 바꿀 수 있어요. 왜냐하면 사장님이 잘못을 했기 때문이에요."

쓰레이응 씨는 이 말을 듣고 너무 허망하다는 듯한 표정을 지었다. 그는 동의가 없어도 사업장을 바꿀 수 있다는 사실을 몰라, 고용주에게 사업장을 바꿀 수 있게 해 달라고 계속 요청했다고 했다. 그러나 고용주는 끝까지 받아주지 않았고 오히려 쓰레이응 씨에게 협박을 했다고 했다.

"사장님 말해요. '너 일하기 싫으면 나가. (사업장 변경에) 사인 안 해줘. 너 불법 만들어버릴 거야.'"

쓰레이응 씨는 아토피 상처로 딱지가 앉은 손을 쥐어뜯다가 이내 눈물을 터트리며 말했다.

"사장님이 나에게 '멍청이'라는 말도 많이 했어요. 사장님이 사인 안 해주면 나는 불법 사람이 돼요. 다른 비닐하우스에 가서 일을 하다가 잡히면 나는 돈도 못 받고 캄보디아로 가야 해요. 사장님한테 돈도 못 받고 쫓겨나요."

많은 고용주가 임금 체불을 하고도 '불법' 체류 신분을 만들겠다고 소리치며 노동자를 협박했다. 실제로 이주노동자가 5일 이상 사업장을 무단이탈할 경우 사업주에 의해 당국에 신고되면 체류 허가가 취소되고 출국 조치를 당했다. 이주노동자들은 행여 잘못되어 곧바로 추방당할까 봐, 그래서 돈을 벌 수 있는 기회를 날려버릴까 봐, 부당한 대우를 받아도 참고 참으며 전전 긍긍했다. 이처럼 직장을 옮길 수 있는 권한이 노동자가 아니라 고용주에게 있다는 것은, 이주노동자의 현실에서 막강하게 작용한다.

게다가 이주노동자들 사이에서는 한국 정부 기관이 힘없는 외국인 편이 아니라는 평판도 돌았기에, 자신의 사정을 말해두 관할 고용 센터에서 도와주지 않으리라 체념하기도 했다. 쓰레이응 씨는 다른 이주노동자들에게 들은 말을 전해주었다.

"나는 월급을 계속 못 받으니까 사장님을 신고하려고 했어요. 그런데 캄보디아 사람들이 말해요. '외국인 힘 없어. 신고 안 돼. 일단 일해야 해. 사장님 약속했잖아.' 그래서 나는 기다렸어요. 지금까지 기다렸어요."

고용노동부는 언론 보도 설명 자료에서 쓰레이응 씨의 "사업주를 대상으로 직권수사 후 혐의 사실에 대해서 형사 처벌 계획"이라고 했다. 그러나 그 처벌은 그 사업주가 예전에도 한 번 받은 것이었고, 그가 대수롭지 않게 여긴 것이기도 했다. 이주 노동자들은 낯선 환경과 부족한 정보 그리고 막강한 권한을 지닌 고용주의 협박으로 인해 지독한 현실에서 옴짝달싹 못 하곤 했다.

사람 잡는
성실근로자 제도

"성실근로자로 데려올 테니 참아"

쓰레이응 씨가 사업장을 옮기지 못한 또 다른 이유는 바로 '성실근로자 제도'(재입국 특례 외국인 노동자 취업 제도) 때문이었다. 고용허가제로 입국한 이주노동자는 취업 기간(4년 10개월) 중 사업장 변경이 없으면 '성실근로자'로 인정받을 수 있다. 사업주와 이주노동자('성실근로자')가 재고용에 서로 동의해 사업주가 당국에 요청하면, 이주노동자는 본국으로 돌아가 3개월 이상 머물다가 다시 한국에 입국해 최대 4년 10개월 더 일할 수 있다.[11] 이 제도를 잘 이용하면 이주노동자는 최대 9년

8개월을 한국에서 일할 수 있는 것이다.

성실근로자 제도는 잘만 운영된다면 고용주와 노동자에게 모두 이득이다. 사업주는 노동자를 새로 고용하면 일을 처음부터 가르쳐야 하지만 기존에 4년 10개월 동안 함께 일한 노동자를 재고용하면 그런 부담이 없다. 이주노동자는 4년 10개월을 추가로 일할 수 있어 안정적인 소득을 기대할 수 있는 데다, 기존에 일하던 곳에서 계속 일을 하기에 숙련도를 높일 수 있다. 게다가 자격 요건인 한국어능력시험을 볼 필요도 없고 새 사업주와 계약이 되기를 애타게 기다릴 필요도 없다.

물론 '성실근로자'가 안 돼도 한국에 다시 와서 일할 수 있다. '특별한국어시험 재취업 제도'를 통해서인데, 이 과정이 다소 복잡하다. 일단 체류 기간이 만료되기 전에 자발적으로 귀국하고, 특별한국어능력시험을 봐서 합격해야 한다. 그런데 한국에 다시 가고 싶어 하는 이들이 많기 때문에 경쟁률이 높은 편이다. 시험에 합격하더라도 신규 입국자와 동일하게 구직 신청과 사업주 알선과 취업 교육 과정을 거쳐야 한다. 즉 시험 합격 후 2년 내에 사업주로부터 고용하겠다는 연락을 받아서 근로계약을 체결해야 한다. 만약 연락을 받지 못하면 다시 이 과정을 처음부터 반복해야 하는데, 나이를 먹을수록 취업에 성공할 확률이 점점 낮아진다. 사업주들은 20대 초반의 젊은 노동자를 선호하기 때문이다. 또한 노동자가 본국으로 돌아간 후에 머물러야 하는 기간인 재입국 제한 기간도 '성실근로자'는 3개월이지만 특별한국어시험으로 들어오는 이주노동자는 6개월이다.

　많은 고용주가 '성실근로자'로 다시 데려오겠다고 약속하면서 고용 기간 내내 이주노동자들을 옭아맨다. '성실근로자'로 재고용할 테니 열심히 일하라고 강요하거나 조금이라도 일을 못하면 '성실근로자'로 데려오지 않을 거라고 엄포를 놓는다. 심지어 어떤 고용주는 이주노동자에게 '성실근로자'로 데려오겠다고 약속을 하고 신청까지 해놓고서 일방적으로 태도를 바꾸어 재고용을 취소하기도 했다. 그는 내게 친절하게 그 방법도 알려주었다. "고용 센터에 전화 한 통이면 취소가 가능해." 갑작스럽게 재고용 취소 통보를 받은 이주노동자가 하소연할 곳은 아무 데도 없다.

　쓰레이음 씨도 마찬가지였다. 그가 임금을 받지 못하면서도 계속 기다린 이유는 '성실근로자'로 데려올 테니 참으라는 고용주의 말 때문이었다. 그는 그저 다른 사람들처럼 장기적으로 안정적인 소득을 얻고 싶었을 뿐이다. 이 마음을 너무나 잘 알고 있던 고용주는 어떤 때는 "너 자꾸 말 안 들으면 성실근로자로 안 데려온다." 하고 채찍을 쓰다가, 또 어떤 때는 "열심히 하면 성실근로자로 데려올게." 하고 당근을 주기를 반복했다. 그렇게 3년 넘게 임금을 주지 않고 사업장에 묶어놓은 결과, 쓰레이응 씨는 '성실근로자'의 자격을 얻게 되었다.

대책 없는 사건

2020년 3월 25일 아직 언론 보도가 나기 전, 나는 쓰레이응 씨, 최정규 변호사, 김이찬 감독과 함께 경기도 이천으로 향했다. 쓰레이응 씨의 고용주를 만나기로 한 날이었다.

최정규 변호사는 많은 이주노동자 사건을 맡아 왔지만 이번처럼 '대책 없는 사건'은 처음이라고 걱정했다. 그는 쓰레이응 씨가 비자 문제로 출국하기 전(2020년 4월)까지 고용주가 밀린 임금을 지불하지 못할 것 같다고 우려했다. 나중에라도 돈을 받으려면 쓰레이응 씨가 다시 한국으로 돌아와야 하는데(캄보디아로 돈을 보내줄 수도 있지만 그런 고용주는 없었다), 그러려면 고용주가 쓰레이응 씨를 '성실근로자'로 신청하는 것이 필요했다. 그런데 고용주 입장에서는 임금이 수천만 원이나 체불된 쓰레이응 씨가 한국에 돌아오는 것이 반가울 리 없었다. 설령 재고용을 약속하더라도 쓰레이응 씨가 캄보디아로 돌아가고 난 뒤에 재고용 신청을 취소할 가능성도 있었다.

경기도 이천 고용 센터 앞에서 기다리자 곧 고용주가 왔다.

최정규 변호사는 고용주에게 지불 각서를 써줄 것을 요구했다. 그러자 고용주는 오히려 큰소리를 쳤다.

"애가 4월에 캄보디아 가면 (성실근로자로) 7월에 오잖아요. 그때 우리 한창 바쁠 때니까 일하고 내년 봄에 (다른 사업장으로) 가라는 거죠. 그게 애한테 더 유리할 거예요. 그럼 내가 각서 쓸게요."

고용주는 쓰레이응 씨가 3개월 후인 2020년 7월에 재입국한 뒤에 다시 자신의 사업장에서 일을 하면 2021년 봄에는 사업장 변경에 동의해주겠다고 했다. 지금까지 월급을 주지 않았고 앞으로도 준다는 보장이 없는데, 더 일을 하는 조건으로 지불 각서를 쓴다는 것이었다. 최정규 변호사가 잠자코 듣고 있다가 조용히 낮은 목소리로 말했다.

"지금까지도 지불 능력이 없었으면서 내년 봄까지 약 8~9개월간 또 일을 시킨다고요? 가을에 일자리가 생겨서 본인이 간다고 하면 어떻게 해요?"

"그건 나와 약속인데 그럼 (지불 각서에) 사인 못 해주죠."

고용주는 자신과 한 약속을 어길 수 없다며 도리어 큰소리를 쳤다. 최정규 변호사는 정말 기가 찬 듯 보였다. 고용주는 계속 말을 이어갔다.

"내가 숙소비를 안 받았어요. 애가 숙소비 저한테 줘야죠. 아시아마트를 가서 음식을 사면 나한테 '사장님 월급에서 잘라요.' 해서 음식을 몇 번 사줬어요. 캄보디아 음식 먹고 싶으니까 나한테 '사주세요.' 했어요. 그런 적이 많아요. 로또도 사서 애 하나, 나 하나 한 적도 있어요. 아이스크림도 사줬어요. 그것도 아직 돈 못 받았어요."

"사장님이 월급을 안 주니까 쓰레이응 씨가 돈이 없잖아요. 그러니까 음식을 사 달라고 한 거죠. 또 저희가 임금 체불 소송 에 대해서 지연손해금 소송 안 하잖아요. 아시죠? 연 20퍼센트 예요. 그런 것까지 따지면 저희가 할 말이 없는 게 아니에요. 좋 게 합의하시는 게 가장 좋은 방법이에요."

고용주는 노동자가 퇴직한 날로부터 14일 이내 임금이나 퇴 직금을 지급하지 않으면, 근로기준법에 따라 체불일로부터 실 제 지급일까지 지연된 일수만큼 연 20퍼센트의 '지연이자'를 지급해야 한다. 임금 체불 문제가 불거지면 보통 지연이자까지 민사 소송을 통해 받아내려 하지만, 최정규 변호사는 이런 지연 손해금에 대해서 소송을 하지 않을 테니 밀린 월급이라도 제대 로 달라고 통사정했다.

고용주는 임금 체불을 인정하면서도 노동자에게 자신의 사 업장에서 더 일하라고 요구할 수 있는 위치에 있었다. 변호사가 오히려 좋게 합의하자고 부탁하는 처지였다. 이주노동 문제에 서 사업주의 권한이 얼마나 강한지 새삼 느낄 수 있는 장면이 었다.

실랑이 끝에 결국 지불 각서를 작성했다. 내용은 이랬다. 2016년 7월 24일부터 2020년 3월 2일까지 고용주가 쓰레이응 씨에게 주지 못한 임금을 2021년 4월까지 지급할 것이다. 다만, 임금에서 고용주가 약 3년 동안 지불한 950만 원과 기숙사비를 공제한 액수를 줄 것이다. 쓰레이응 씨를 '성실근로자'로 데려올 것이다. 체불된 임금이 모두 지불되면 쓰레이응 씨는 고용주에게 형사적 그리고 민사적 책임을 묻지 않을 것이다. 여기에 쓰레이응 씨와 고용주가 각각 서명했다.

이 확인서를 받은 후 최정규 변호사는 고용주에게 쓰레이응 씨가 '성실근로자'로 올 수 있도록 해 달라고 다시 한번 부탁했다. 김이찬 감독도 그에게 이렇게라도 약속해주어서 고맙다고 말했다. 쓰레이응 씨는 한마디 말도 하지 않은 채 서명이 담긴 각서를 손에 꼭 쥐고 있었다.

약 열흘 뒤 쓰레이응 씨는 출국을 앞두고 있었다. 최정규 변호사는 지불 각서가 휴지 조각이 될까 봐 걱정했다. 쓰레이응 씨도 마찬가지였다. 고용주를 믿을 수 없었고 지불 각서가 그의 말을 보장할 것 같지도 않았다. 결국 쓰레이응 씨는 캄보디아로 가는 비행기 표를 취소했다. 한국에 남아서 밀린 임금을 받기 위해서 무슨 대응이든 해보기로 결심했다.

"그건 우리 권한 아닙니다"

일반적으로 임금 체불이 발생하면 이주노동자는 관할 노동청에 가서 임금 체불 신고를 한다. 이후 담당 근로감독관이 배정되고 조사 날짜가 잡히면 출석해 조사를 받는다. 2020년 5월 12일은 쓰레이응 씨가 조사받는 날이었다. 그 자리에 통역을 위해 김이찬 감독과 내가 동석했다.

성남지청의 한 사무실에 들어가서 배정된 근로감독관 책상 앞에 앉았다. 임금 체불액을 산출하려면 언제부터 언제까지, 하루 몇 시간 일했는지 입증해줄 자료가 필요하다. 쓰레이응 씨는 매일매일 노동 시간을 수첩에 기록해 왔지만, 고용주가 그 수첩을 빼앗아 불태워버렸다. 근거 자료가 없으니 감독관도 어떻게 조사를 해야 할지 난감해했다.

쓰레이응 씨는 자신의 사정을 열심히 설명했고, 김이찬 감독이 그대로 통역했다. 그렇게 3시간 가까이 조사를 마치고 근로감독관은 쓰레이응 씨에게 마지막으로 할 말이 있는지 물었다. 쓰레이응 씨는 두 손을 꽉 쥐며 말했다.

"제 사장님이 다른 이주노동자를 고용해서는 절대로 안 된다고 생각합니다. 다른 이주노동자를 고용하지 않게 해주세요. 저는 피땀 흘려서 일을 했지만 3년 넘게 임금을 못 받았습니다. 근로감독관이 임금 체불 문제에 적극적으로 협조해주십시오.

도와주십시오.”

김이찬 감독이 쓰레이응 씨 말을 통역하자, 이를 듣고 있던 근로감독관이 딱 잘라 말했다.

“그건 우리 권한이 아닙니다. 조사만 해줄 수 있습니다.”

그러자 긴 시간 동안 묵묵히 통역을 맡은 김이찬 감독이 말했다.

“노동 시간이 적힌 유일한 기록을 사장이 빼앗고 불태웠어요. 그걸 노동부 근로감독관이 다뤄줄 겁니까? 고용허가제를 통해서 이주노동자가 입국하잖아요. 고용노동부가 이주노동자를 독점해서 일자리를 알선하니까, 이를 관리 감독할 책임은 고용노동부에 있죠. 임금 체불 문제가 발생해서 노동자가 근로감독관에게 호소하면 조사만 하지 권한이 없다고 말을 하는데, 고용주가 임금 체불을 해도 크게 처벌받지 않는 구조적 문제가 있다고요.”

조사를 마치고 쓰레이응 씨는 두 장짜리 ‘체불임금등사업주확인서’(이전 명칭: 체불금품확인원)를 받았다. 최정규 변호사가 쓰레이응 씨의 근로계약서를 기준으로 삼아 최저임금으로 계산한 금액은 6천만 원이 넘었다. 그러나 확인서에는 반 토막 난 약 3천만 원이 적혀 있었다. 근거가 무엇인지는 알 수 없었다. 노동 시간을 확인할 자료가 없기에 사업주가 스스로 인정하는 금액만 인정된 것으로 보였다. 이것이 전부였다.

최정규 변호사는 고민 끝에 쓰레이응 씨의 고용주를 근로기준법 위반이 아닌 형법상 사기죄로 고소하기로 했다. 고용주가 단순히 임금 체불을 한 것이 아니라 처음부터 임금을 지급할 능력이 없으면서도 돈을 줄 것처럼 쓰레이응 씨를 계속 속인 것으로 판단했기 때문이다. 4월 16일 수원지방검찰청 여주지청에 '특수협박, 사기'로 고소장을 제출했고, 검찰은 이 사건을 형사조정(검찰청 형사조정위원회에서 피해자와 가해자의 합의로 분쟁을 조정하는 제도)으로 넘겼다.

2020년 8월 11일 형사조정기일이 열렸다. 나는 최정규 변호사, 김이찬 감독, 쓰레이응 씨와 함께 여주지청으로 향했다. 이날 쓰레이응 씨는 돈을 받게 될지도 모른다는 약간의 기대감을 내비쳤다.

형사조정 자리에서 고용주는 코로나19(COVID-19) 유행으로 인해 상황이 어려워서 당장 체불된 임금을 줄 수 없다고 항변했다. 형사조정위원은 그의 상황을 고려해 체불 임금 3천만 원 중 절반 정도인 1천7백만 원을 받고 형사 합의할 것을 권유했다. 그 자리에 동석한 최정규 변호사와 김이찬 감독은 그 체불 임금의 절반도 고용주가 마련하지 못할 것 같다고 고개를 저었다. 고용주는 땅을 팔아서 임금을 마련해준다고 했지만 그 땅마저도 이미 2년 전에 경매로 넘어간 상태였다. 서류상 그가 가지고 있는 재산은 아무것도 없었다. 이 말을 들은 쓰레이응 씨가 물었다.

"그럼 나는 어떻게 해요?"

아무도 이 질문에 대답하지 못했다.

하루 2시간
공짜 노동

계약서에만 있는 3시간 휴게 시간

2018년 내가 '지구인의 정류장'에서 만난 캄보디아 여성 니몰(가명, 20대) 씨도 임금 체불 문제를 겪고 있었다. 깻잎밭에서 하루 10시간 넘게 일해 온 니몰 씨는 사업주가 몇 달째 임금을 주지 않자 노동청에 신고하기로 마음먹었다. 그는 임금 체불 증거를 모으기 위해 꼼꼼하게 자신의 노동 시간을 기록했다.

니몰 씨의 근로계약서에는 "근로 시간 07:00~18:00, 근로 시간 중 점심시간 포함하여 3시간을 휴게 시간으로 함"이라고 적혀 있었다. 하지만 휴게 시간이 3시간은커녕 점심시간도 1시간이 채 되지 않았다. 니몰 씨가 12시에 밥을 먹기 시작해 12시 반쯤 다 먹고 조금 숨을 돌리려 하면, 사업주는 늘상 비닐하우스에 들어가 빨리 깻잎을 따라고 고함을 쳤다. 니몰 씨는 화가 났지만 그의 지시대로 할 수밖에 없었다.

일반적으로 농업 이주노동자들의 표준근로계약서에는 일종의 공식처럼 하루 '근로 시간 11시간, 휴게 시간 3시간'이 명시되어 있다. 이에 따르면 실제 노동 시간은 8시간이지만, 이 시간은 임금을 계산할 때만 쓰였다. 현실에서 이주노동자들은 예사로 하루 10시간씩 일했다. 그런데도 그들은 보통 근로계약서에 적힌 휴게 시간을 제외한 노동 시간(8시간)에 실제 일한 일수와 최저 시급을 적용한 금액만 달마다 받았다. 사실상 시급제이지만 실제 일한 시간은 전혀 반영되지 않았고 늘 축소되었다. 이는 이주노동자들이 최저 임금을 받지 못한다는 의미이기도 했다.

니몰 씨의 실제 하루 휴게 시간은 점심을 먹는 35~40분이 전부였다. 설령 점심시간을 1시간으로 치더라도 하루 노동 시간은 11시간에서 1시간을 뺀 10시간이었다. 그러나 이상하게도 근로계약서에 적힌 "3시간을 휴게 시간"이라는 문구 때문에 니몰 씨는 11시간에서 3시간(점심시간 1시간 포함)을 뺀 8시간만 일한 셈이 되었다.

내가 보고 들은 어느 농장에서도 노동자에게 하루 3시간을 휴게 시간으로 주지 않았다. 고용 센터의 담당 공무원들도 이주노동자들이 하루 10시간 이상 일한다는 것을 당연히 알고 있었다. 그런데도 전국 대부분의 고용 센터에서는 '근로 시간 11시간, 휴게 시간 3시간'이라는 표준근로계약서를 버젓이 '견본'으로 사용하며 상황을 방치하고 있다.

니몰 씨의 사업주도 니몰 씨의 초과 노동을 인정하며 내게 말했다. "표준근로계약서는 안 맞지. 계약서대로 다 하면 아무도 농사 못 짓고, 얘네들 전부 보따리 싸서 고향에 가야 해." 모두 임금 계산이 잘못된 것을 알지만 쉬쉬하는 듯했다. 이 구조에서 이주노동자들만 하루 2시간씩 공짜 노동을 하고 있었다.

"다들 그렇게 한다고, 관행이라고 해요"

"이 노동자가 여름에 월 노동 시간이 330시간이에요. 그런데 근로계약서에 226시간이라고 써 있어요. 거의 100시간이 날아간 거죠. 사람이 이렇게 일하면 죽을 것 같아요. 게다가 임금은 130만 원이네요."

'지구인의 정류장'를 이끄는 김이찬 감독은 니몰 씨가 달력에 직접 기록한 노동 시간을 계산해보고 그렇게 말했다.

니몰 씨의 근로계약서에는 한 달에 226시간 일한다고 적혀 있지만 2016년 4월부터 2018년 6월까지 실제 일한 시간은 월 평균 308시간이었다. 니몰 씨는 더운 여름에는 330시간 넘게 일했다고 했다. 한 달에 두 번 쉬고 28.5일 일했다고 하면 하루 평균 10시간 48분을 일한 셈이었다.

니몰 씨가 실제 일한 시간을 2016년의 최저임금 시간급 6,030원으로 계산하면 한 달에 약 190만~200만 원을 받아야 하지만 그가 받은 돈은 120만~140만 원이었다. 체불된 임금과 2년 넘게 초과 노동을 하고도 받지 못한 금액을 합하면 약 2천만 원이었다. 그런데 노동청의 조사에서는 이 모든 금액이 인정되지 않았다. 니몰 씨가 손으로 쓴 글씨를 믿을 수 없다는 이유였다. 결국 니몰 씨는 퇴직금을 포함해 750만 원을 받고 합의했다.

그래도 니몰 씨는 운이 좋은 편에 속했다. 어쨌든 합의금을 받았기 때문이다. 니몰 씨와 함께 일한 다른 미등록 이주노동자('불법 체류자')들도 사업주에게 밀린 월급을 달라고 울며 빌었지만 돌아온 건 '불법 체류'를 신고하겠다는 사업주의 협박이었다. 결국 그들은 노동청에 신고도 못하고 밀린 월급을 받지 못한 채 사업장을 떠날 수밖에 없었다.

이후 니몰 씨는 사업장을 변경해 다른 깻잎밭으로 옮겼다. 그러나 '근로 시간 11시간, 휴게 시간 3시간'의 공식은 이전 사업장과 다르지 않았다. 그의 월급은 두세 달씩 늦게 들어왔다.

근 무 시 간 및 휴 게 시 간

근무시간	비고	휴게시간	비고
06:30 ~ 07:20	50분	07:20 ~ 07:35	15분
07:35 ~ 08:25	50분	08:25 ~ 08:40	15분
08:40 ~ 09:30	50분	09:30 ~ 09:45	15분
09:45 ~ 10:35	50분	10:35 ~ 10:50	15분
10:50 ~ 12:00	70분		
12:00 ~ 13:00	점 심 시 간		1시간
13:00 ~ 13:50	50분	13:50 ~ 14:10	20분
14:10 ~ 15:00	50분	15:00 ~ 15:20	20분
15:20 ~ 16:10	50분	16:10 ~ 16:30	20분
16:30 ~ 17:30	1시간		

※ 1일 : 06:30 ~ 17:30 (11시간)　　**1일(8시간) 작업량 15 BOX**

※ 근무시간에서 제외 (3시간)

　▷ 오전 휴게시간 총 1시간

　▷ 오후 휴게시간 총 1시간

　▷ 점심시간 1시간

　☞☞☞ **1일 근무시간 : 8시간**

니몰 씨 방문에 붙어 있던 '근무 시간 및 휴게 시간'

니몰 씨는 혹시나 또 임금 체불을 당할까 봐 자신이 일을 시작한 시간과 마친 시간을 종종 휴대폰에 기록하곤 했다. 노동청에서는 니몰 씨의 기록을 믿어주지 않았지만 그가 할 수 있는 건 그것뿐이었다. 그런데 어느 날 그 모습을 사업주에게 들키고 말았다. 니몰 씨는 사업주가 화를 낼 것이라 예상했지만 아무 말도 없었다고 했다. 그 대신 다음 날 니몰 씨의 방문에 이상한 '시간표'가 붙어 있었다.

시간표에는 근무 시간과 휴게 시간이 표시되어 있었다. 오전에 50분씩 일하고 15분씩 쉬어서 오전 휴게 시간 총 1시간, 점심시간 1시간, 마찬가지로 오후에 50분씩 일하고 20분씩 쉬어서 오후 휴게 시간 총 1시간. 모두 합해서 하루 3시간의 휴게 시간이었다. 그 아래에는 굵은 글씨로 "1일(8시간) 작업량 15BOX(상자)"라는 문구가 있었다. 근무 시간과 휴게 시간과 별개로 한 사람당 작업 할당량을 정해놓은 것이었다. 깻잎 한 상자에 보통 1천 장이 들어가기에 하루에 깻잎 1만 5천 장을 따라는 의미였다.

당연히 시간표대로 일이 돌아가지 않았다. 사업주는 알아서 쉬라고 했지만 깻잎 15상자를 채우려면 10시간을 쉴 새 없이 움직여야 가능했다. 그런데도 니몰 씨의 사업주는 이러한 시간표에 동의한다는 의미로 서명을 강요했다.

내가 방문에 붙은 이 이상한 시간표를 보고 사업주가 거짓

말하는 거 같다고 말하자 니몰 씨는 웃으면서 답했다.

"여기 대부분 사장님 거짓말해요."

그는 이어서 이렇게 말했다.

"(시간표가) 거짓말인 줄 알지만 모든 노동자들이 그냥 일해요. 다른 곳도 마찬가지예요. 문제를 일으키고 싶지 않아요. 문제가 생기면 일 못 해서 시간 낭비, 월급 못 받아서 돈 낭비잖아요. 여기 사장님들이 모두 다 똑같이 계산해요. 노동자들이 하루 10시간 일하는데 8시간만 계산해서 월급을 줘요. 똑같이 일을 쭉 해 왔기 때문에 사람들은 하는 수 없이 아무 문제 없는 것처럼 참고 일을 합니다. 만약 한국의 변호사나 공무원이 도와주면 노동자로서 고맙게 생각하겠습니다."

이주노동자는 매일 2시간씩 공짜 노동을 강요받는다. 모두가 '관행'이라는 이름으로 이런 현실에 눈을 감는다.

농촌만의 법칙

현장에서 만난 이주노동자들은 종종 내게 물어 왔다.

"왜 사장님은 한국 법 안 지켜요? 왜 표준근로계약서 안 지켜요?"

이주노동자들은 '표준근로계약서'라는 단어에 또박또박 힘을 주며 말했다. 그들은 정말로 궁금해했다. 계약서에 쓰인 하루 8시간을 노동 시간으로 지키는 것이 어려운지, 아니면 실제로 일하는 하루 10시간에 맞춰서 최저임금을 주는 것이 어려운지 말이다.

이주노동자들은 한국어능력시험을 보기 위해 고용노동부의 한국산업인력공단에서 발간한 한국어표준교재로 공부한다. 이 교재에는 한국에서는 최저임금이 법으로 정해져 있고, 일한 시간만큼 돈을 받는다고 되어 있다. 그러나 현실은 그들이 배운 것과 너무 달랐고, 아무도 이에 대해서 제대로 설명해주지 않았기에 궁금해할 수밖에 없었다.

"이주노동자들이 제일 힘들어하는 게 뭐예요?"

내가 이주노동자에 관한 연구를 하고 있다고 말하면 사업주들은 종종 이런 질문을 했다. 사업주를 탓하는 말을 할 수밖에 없어 나는 약간 망설이며 대답했다.

"사실 제일 힘든 건, 임금 문제인 것 같아요. 농촌에서 일하는 이주노동자분들이 보통 하루 10시간씩 일하는데, 사장님들이 2시간은 빼고 하루 8시간만 쳐서 임금을 계산하잖아요. 이게 제일 불만이에요. 8시간만 일을 하든지 10시간 일을 하고 임금을 높게 받든지 하면 좋겠다. 보통 이렇게 말해요."

그러면 많은 사업주들은 정부의 노동 정책이 농촌의 현실과 맞지 않다고 하소연했다. 특히 최저임금이 너무 높게 책정되어 월급을 주기가 부담스럽다고 말했다. 어떤 사업주는 가난한 나라에서 왔으니 월급 적게 벌어 가야 한다며, 이주노동자들 때문에 한국 돈이 유출된다고 걱정하기도 했다. 캄보디아 노동자 세 명을 고용한 류미란(가명, 50대) 씨는 이렇게 말했다.

"농장주 입장에서는 8시간만 일을 시키고 8시간 돈을 주고 싶어요. 그런데 (이주노동자들이) 그만큼의 실력이 안 되잖아요. 8시간 안에 15박스를 따준다면 8시간만 시키고 싶어요. 진짜 그게 제일 편해요. 깻잎을 딸 때 조건(환경)이 있잖아요. 깨가 정리가 잘 되었다든가, 벌레가 잎을 안 먹었다든가, 그러면 15박스가 쉽게 나오는 경우도 있어요."

그러나 아무리 능숙한 솜씨로 깻잎을 따더라도 물리적으로 8시간 안에 15상자, 즉 1만 5천 장을 따기는 쉽지 않다. 이주노동자들 사이에서는 깻잎밭에서 일하는 것이 힘들고 고되기로 악명이 높았다. 깻잎밭에서 사람을 구한다고 연락을 받으면 이주노동자들은 일단 고개부터 절레절레 저었다. 오전 6시 30분에 밭에 나가서 오후 5시 30분까지 하루 종일 쉬지 않고 깻잎을 따야 1만 5천 장을 딸 수 있다고 그들은 말했다. 간단한 빵과 두유를 허겁지겁 먹고 밭에서 걸어서 5~10분 걸리는 간이화장실에서 볼일을 보는 것 말고는 쉴 수 있는 시간 자체가 없다고 했다.

고용주들은 불가능한 목표치를 마음대로 정해놓고 이주노

동자들에게 주어진 시간 안에 일을 끝마치라고 강요했다. 그래 놓고 목표치를 채우지 못하면 노동자의 책임으로 돌렸다. 어떤 고용주는 하루에 15상자만큼 깻잎을 따지 못하면, 한 상자당 4천 원씩 월급을 깎기도 했다. 매일 농막 왼편에 걸려 있는 하얀색 칠판에 누가 하루에 몇 장을 땄는지 기록해 이에 따라 돈을 주는 고용주도 있었다. 사실상 도급제였다. 근로계약서에는 노동 시간과 최저임금이 명시되어 있었지만 전혀 개의치 않았다. 근로기준법 위에 '고용주의 법'이 있었다.

이주노동자들이 농촌에 들어오기 전에는 깻잎밭의 모자란 일손을 채우기 위해 주로 한국 아주머니들이나 할머니들이 농장주와 함께 일했다. 이들은 보통 최저임금보다 낮은 금액을 받았는데, 손이 빠르고 일을 잘하는 여성들은 농장주로부터 스카우트 비용을 얻어 받기도 했다. 또 명절이면 으레 농장주는 이들에게 보너스를 챙겨주었다. 서로 근로계약서를 쓰는 일은 없었고 그저 구두 계약으로 큰 틀 내에서 고용 관계가 유지되었다. 최저임금법이나 근로기준법과는 무관하게 농촌 나름의 규칙대로 돌아가는 세상이었다. 그러나 지금은 사정이 달라졌다. 이제 농민은 사업주가 되어 표준근로계약서를 정식으로 쓰고 이주노동자를 고용한다. 그리고 이에 따라 근로기준법상 '사용자'로서 의무를 지게 된다. 농민의 위치와 책임이 달라진 것이다.

하지만 농민들은 근로기준법을 비롯해 고용주가 지켜야 할 의무에는 크게 관심을 두지 않는 것 같다. 그들은 여전히 '농촌만의 규칙'을 공유하고 따르며 이를 이주노동자들에게 강요한다. 내가 만나본 농민들은 그저 자신들이 '남들이 하는 대로' 할 뿐이라고 말하곤 했다. 그들은 '남들이 하는 대로' 이주노동자들을 고용하고 관리했다. 마을의 관습에만 의존하면서 자신들의 행위가 불법이더라도 그냥 모른 척 눈을 감는 듯 했다. 한 고용주는 이주노동자가 자신의 말을 잘 듣고 '도망'가지 못하게 하려고 여권과 통장을 빼앗았는데, 옆집에서 하는 대로 했을 뿐이라고 변명했다. 출입국관리법상 여권은 당사자가 항상 소지해야 하며 고용주가 이주노동자의 여권을 압수해서는 안 된다. 하지만 이런 법이 있어도 농촌의 세상에서는 무용지물이었다.

정부는 이러한 농촌의 상황을 알면서도 적극적으로 해결에 나서지 않으면서 문제를 더 악화시킨다. 고용 센터에서는 고용주에게도 이주노동자에게도 제대로 된 설명 없이, '근로 시간 11시간, 휴게 시간 3시간'이라 적힌 표준근로계약서 견본대로 적고 서명하라고 안내할 뿐이다. 그러다 보니 갈등과 분쟁이 끊이지 않고 있다.

이런 문제를 근본적으로 해결하기 위해서는 표준근로계약

서를 실정에 맞춰 안내하고, 더불어 고용주의 부담을 줄이기 위한 지원 정책이 마련되어야 할 것이다. 2021년 대부분의 농업 이주노동자들은 최저임금 시간급을 적용한 1,953,280원(8,720원×8시간×28일)을 월급으로 받았다(기숙사비나 각종 공과금 공제 전 금액이다). 하루 8시간 대신 10시간으로 계산하면 2,441,600원(8,720원×10시간×28일)이 나온다. 매월 약 49만 원을 더 주어야 한다. 임금이 오르면 퇴직금도 오르기에 고용주의 부담이 커질 수밖에 없다. 그들의 부담을 완화하기 위한 정책이나 지원 제도가 논의되어야 한다. 이주노동자들에게 하루 2시간 공짜 노동을 시키며 그들에게만 희생을 강요해서는 안 된다.

불법인 줄 알면서도

많은 농업 이주노동자들이 하루 2시간 공짜 노동을 참으며 버텼지만, 일부는 사업장 변경 제도를 이용했다. 그들은 노동 강도가 높고 돈도 적게 주는 깻잎밭을 떠나 좀 더 노동 환경이 좋은 곳으로 가기 위해, 사업주에게 사업장 변경에 동의해줄 것을 요청했다. 대부분의 사업주들은 깻잎밭이 힘해 이주노동자들이 일하기 힘들어한다는 것을 알지만, 다른 노동자를 구하기까지

동 자료는 외국인근로자의 사업장 변경 허용횟수 산정 시 근거가 되므로 반드시 사실대로 기재하여 주시기 바랍니다.

사업장변경 사유 확인서
(사업주용)

　본인의 사업장 _____에서 고용하던 외국인근로자 _____
_____을 아래 표시한 사유로 인해 고용관계를 종료하고
고용변동(근무처 변경) 신청을 하였음을 확인합니다.

* 해당 사유에 √ 표시(대분류, 세분류 각각 체크)

대분류	-	세분류
□ 근로계약 해지, 계약만료	-	□ 계약기간 만료
		□ 당사자간 자율 합의로 근로계약 해지
		□ 근로자 태업으로 인한 근로계약 해지
		□ 근로자 무단결근으로 인한 근로계약 해지
		□ 기타 근로자 귀책으로 인한 근로계약 해지
□ 외국인근로자의 책임이 아닌 사유	□ 휴업/폐업	□ 장기간 휴업/휴직, 폐업/도산의 확정
		□ 경영상 필요에 의한 해고, 권고사직
		□ 공사종료, 사업완료 등
		□ 임금 체불 또는 지급 지연
		□ 입국 후 최초 사업장 배치 전 사용자 귀책 미인도
	□ 사용자의 근로조건 위반 또는 부당한 처우	□ 근로조건 위반
		□ 임금 체불 또는 지급 지연
		□ 폭행, 상습적 폭언, 성희롱, 성폭행, 불합리한 차별 등
	□ 고용허가의 취소 또는 고용의 제한	□ 사업장의 고용허가 취소
		□ 사업장의 외국인 고용 제한
□ 상해 등	-	□ 상해 등
		□ 종교적 문화의 특수성

위에 기재한 사항은 사실과 틀림이 없음을 확인합니다.

(동 확인서상 사유는 추후 수정할 수 없습니다)

_____ 년 _____월 _____일

사업주 _____ (서명 또는 인)

　　고용 센터에서 사용하는 '사업장 변경 사유 확인서'. 보통 '당사자간 자율 합의로 근로계약 해지'에 표시해 사업주가 서명하면 수월하게 이루어진다.

시간이 걸리기에 사업장 변경 요청을 대단히 싫어한다. 그러다 보니 사업장 변경으로 인한 시비가 곳곳에서 발생하고 있다.

외국인고용법 제25조에 따르면, 사업주가 정당한 사유로 근로계약을 해지하려 하거나 사업장의 휴업이나 폐업, 사업주의 근로 조건 위반이나 부당한 처우 같은 제한된 사유에 한해서만 사업장 변경이 허용된다. 따라서 이주노동자가 사업장을 변경하려면 근로계약 해지에 대한 사업주의 동의를 얻거나 아니면 사업주의 위반 사항을 스스로 입증해야 한다. 명백한 불법도 입증하는 데 수개월이 걸릴 수 있기에 이주노동자는 되도록이면 사업주의 협조를 얻으려 한다. 고용노동부 자료에 의하면 2021년 사업장 변경 신청 사례(3만 2140건) 중 근로계약 해지 또는 만료로 인한 신청이 전체의 85.6퍼센트(2만 7512건)였다.[12] 사실상 이주노동자는 사업장을 바꾸기 위해 사업주의 동의가 필요한 셈이었다.

내가 만나본 고용주들은 이주노동자가 일을 갑자기 그만두어서 손해가 발생한 적이 있다고 하소연하곤 했다. 다른 일도 그렇지만 특히 농업은 사람 손으로 하는 일이라 사람이 없으면 일이 제대로 돌아가지 않는다. 미등록 이주노동자가 아니라면 다시 고용허가제의 까다로운 절차를 밟아 사람을 구해야 하기에 시일이 제법 걸린다. 그사이 당연히 손해가 발생하므로 고용주들의 하소연이 이해가 가지만 손해가 발생하지 않게끔 자신이 고용한 사람들을 잘 관리하는 것도 그들의 역할이다.

현장에서는 사업장 변경으로 인한 손해가 이주노동자에게 자주 전가된다. "우리가 손해를 봤으니까 너희는 사장이 손해 본 것을 주고 가야 해." 고용주는 사업장 변경 동의에 대한 대가로 이주노동자에게 적게는 1백만 원에서 많게는 3백만 원을 요구했다. 사업장을 옮기고 싶은 이주노동자는 울며 겨자 먹기로 돈을 냈다. 고용주가 사업장 변경을 이유로 금품을 요구하는 것은 불법이며, 이주노동자는 이에 대해 부당이득반환소송을 제기할 수 있다. 그런데도 다수의 농민들은 노동자가 일을 그만두면 예상되는 손해를 그 노동자가 배상해야 한다고 강하게 믿었다.

사업주는 자신의 사업체를 운영하는 것이지 이주노동자와 함께 협동조합을 운영하는 것이 아니다. 사업주가 이주노동자 때문에 손해를 보았다고 배상해야 하면, 그와 반대로 이주노동자 덕분에 이익이 나면 그 이익을 이주노동자와 나눌 것인가? 이주노동자에게 앞으로 예상될 손해에 대해 금전적 보상을 강요하는 것은 합리적이지 않다.

나는 △△면 고용주연합회, □□면 깻잎연합회에 주요 직책을 맡은 몇몇 사업주들을 만나 인터뷰할 기회가 있었는데, 그들은 이런 행위가 불법이라는 것을 잘 알고 있었다. 불법인 줄 알면서도 법망을 피해 최대한 이익을 올리고 싶어 했다.

"사실 도급제는 불법이죠. (나: 네? 불법이라고요?) 네. 박스당 가격을 매기니까 그런 도급제는 불법이죠. 그런데 이만큼 깻잎을 따주지 않으면 우리가 남는 게 없어요."

고용주연합회의 한 임원이 한 말이었다. 한 사업주는 "우리가 하는 일은 법이랑 맞지 않으니까" 법을 지키지 않는다고 말했다. 그는 힘없는 농민들이 "힘을 합치고 단합해서" 농업 "실정에 맞지 않는" 최저임금을 주지 않아야 하며, "우리(농민)끼리 룰(규칙)을 정해서 외국 애들 꼼짝 못 하게" 해야 한다고 주장했다.

일부 소수의 고용주만 이런 인식을 지닌 것은 아니었다. 내가 만나본 한 고용주는 고의적 임금 체불을 시인하며 이주노동자들은 자기 나라로 곧 떠날 것이기 때문에 돈을 안 주어도 괜찮다고 말했다. 이주노동자를 고용해서 돈을 제법 벌었지만 여전히 이들에게 최저임금을 주는 것이 불만이었고, 어떻게든 법을 어기면서까지 이주노동자들을 조금이라도 일을 더 시키고 월급을 덜 줄지 궁리하는 고용주도 있었다. 성희롱을 일상적으로 저질렀지만 증거가 없다는 이유로 사업장 변경은 안 된다고 소리친 고용주도 있었다. 또 다른 고용주는 근로기준법 위반과 갑작스런 해고 통보로 인한 해고 예고 수당(근로기준법 제26조에 의해 사용자가 적어도 30일 전에 예고하지 않고 해고했을 때 지급해야 하는 30일분 이상의 통상 임금)을 더해 합의금을 물어주게 되자 "농민이 당했다"고 표현했다.

사업주들과 인터뷰할 때마다 "농민은 힘이 없다" "농민이 힘들다" "농민이 피해를 본다" 같은 표현을 많이 들었다. 그들은 '피해자/약자는 농민'이라는 생각이 강해 보였다. 우리나라 절대 다수의 농가 형태가 기업농이 아닌 가족농이나 소농인 것을 감안하면 농민들이 소득이 많지 않은 것은 사실일 것이다. 이에 우리 사회에서는 정책적으로 농업인에게 많은 혜택을 주고 있다. 대부분의 농업인들은 "직불금부터 시작해 각종 보조금과 유류·전기세 혜택, 국민연금·의료보험 감면, 농협 조합원 가입이나 농자금 대출"을 비롯해 각종 정부 지원과 세제 혜택을 받는다.[13]

농민이 아무리 사회에서 인정하는 약자이고 농가의 현실이 아무리 열악하더라도 다른 사람을 착취하는 것까지 정당화될 수는 없다. 그들은 고용주가 지켜야 하는 법에 대해 귀를 기울어야 한다. 이주노동자들을 함부로 대해도 된다는 생각에서 하루빨리 벗어나야 한다.

임금 체불 신고액만
1천억 원이 넘는 나라

캄보디아로 돌아가서 기다리라고요?

캄보디아 여성 노동자 짠나리(가명, 20대) 씨와 소팔(가명, 30대) 씨는 2017년 9월부터 2018년 8월까지 경기도 양평의 한 비닐하우스에서 12개월 동안 일했다. 근로계약서에 적힌 사업장 말고도 다른 스무 군데의 비닐하우스에서 상추, 적겨자, 청겨자, 로메인, 적치커리, 적근대 등 쌈 채소를 따서 상자에 차곡차곡 넣는 일을 했다.

법적으로 이주노동자는 본래 계약서에 적힌 사업장에서만 일을 해야 한다. 다만 '근무처 추가 제도'를 통해 작물재배업에 종사하는 이주노동자는 원래 사업장과 계약을 유지하면서 일손이 필요한 다른 농가와 근로계약을 체결해 일정 기간 일을 할 수 있다. 그러나 대체로 이런 절차는 무시되었다. 짠나리 씨와 소팔 씨의 사업주는 인근 농장에서 일손이 필요하다고 하면 이들을 보냈고 돈은 자신이 챙겼다. 그렇게 해서 짠나리 씨와 소팔 씨는 각각 농한기에는 약 150시간, 농번기에는 300시간 넘게 일했다. 바쁠 때는 하루에 12~13시간, 한 달에 한두 번 쉬면서 일했다.

짠나리 씨와 소팔 씨가 이곳저곳에서 열심히 일한 대가는 참담했다. 사업주는 몇 달 동안 임금을 주지 않았다. 밀린 임금만 각각 약 1천1백만 원이 넘었다. 두 사람은 임금 체불을 신고했고 관할 노동청에서 조사를 받아 담당 근로감독관으로부터 체불 임금을 확인하는 '체불임금등사업주확인서'를 받았다. 그러나 사업주는 밀린 임금을 주길 거부했다.

결국 이 사건은 재판으로 넘어갔다. 2019년 9월까지 체불된 임금을 모두 지급하면 근로기준법 위반에 대한 고소를 취하하겠다는 합의서도 작성했지만 여전히 사업주는 한 푼도 주지 않았다. 양평군 법원은 사업주에게 체불된 임금과 연 20퍼센트의 지연이자를 짠나리 씨와 소팔 씨에게 지급하라고 판결했다. 그러나 사업주는 눈 하나 꿈쩍하지 않았다.

짠나리 씨는 2020년 7월에 비전문취업(E-9) 비자 만료를 앞두고 출입국사무소에 가서 기타(G-1) 비자를 신청했다. 출입국사무소는 발급을 거부했다. 담당자는 캄보디아에 돌아가서 사업주가 임금을 줄 때까지 기다리라고 했다. 짠나리 씨는 항변했다.

"제가 한국에 있어도 사장님이 밀린 월급을 주지 않는데 캄보디아에 돌아가면 사장님이 월급을 주겠어요?"

법률구조공단에서 민사 소송 절차를 밟을 동안만이라도 한국에 있게 해 달라고 사정한 끝에 겨우 비자를 발급받았다.

짠나리 씨와 소팔 씨는 합의서와 판결문을 들고서 법률구조공단을 찾았다. 사업주의 재산을 확인하는 재산명시 신청 결과 "사업주가 제출한 재산목록상으로는 집행 가능성이 있는 재산이 없는 것 같다"는 문자를 받았다. 사업주의 재산조회 신청을 했고 2021년 1월에 결과를 통보받았다.

"재산조회 결과 유감스럽게도 채무자 소유로 확인된 재산이 나오지 않았습니다. 이에 현재로서 강제 집행이 어려울 것으로 보이며 추후 1~2년 경과 후 다시 재산명시 및 조회절차를 진행하여 채무자의 재산을 확인해보시기 바랍니다."

짠나리 씨의 비자는 2021년 3월에 만료 예정이었고 소팔 씨의 비자는 2021년 4월에 만료 예정이었다. 그들은 캄보디아로 곧 돌아가야 했다. 그런데 어떻게 1~2년 후에 다시 사업주의 재산을 확인하는 절차를 신청할 수 있겠는가? 그때도 또다시 사업주의 재산이 없는 것으로 나오면 어떻게 해야 하는가?

사업주를 대신해 국가가 체불 임금과 퇴직금을 지원하는 임금채권보장제도가 있지만 사업장이 산재보험을 가입한 경우에만 지원을 받을 수 있다. 농업 이주노동자가 일하는 농장은 대부분 소규모라 산재보험에 가입할 의무가 없다. 따라서 이 제도의 도움을 받지도 못한다. 짠나리 씨와 소팔 씨는 사람들에게 물었다.

"내가 캄보디아에 돌아가요. 사장님이 임금을 안 주면 어떻게 해요?"

누구도 이 질문에 제대로 대답해줄 수 없었다.

내게 같은 질문을 던진 쓰레이응 씨는 현재 그의 사건이 언론에 보도된 지 2년이 넘었지만 여전히 고용주에게 체불된 임금을 한 푼도 받지 못한 상태이다. 쓰레이응 씨는 변호사의 도움을 받아서 할 수 있는 것들은 전부 했다. 고용주에게 합의서도 받고 고용노동부로부터 '체불임금등사업주확인서'도 받았지만 고용주는 꿈적도 하지 않았다. 이런 서류에는 지켜지지 않을 약속만 빼곡히 적혀 있는 셈이었다.

돈 떼먹는 한국 사회

쓰레이응 씨, 니몰 씨, 짠나리 씨와 소팔 씨 모두 운이 좋지 않아서 임금 체불을 당한 것이 아니다. 쓰레이응 씨는 2020년 기준으로 임금 체불을 당한 이주노동자 31,998명 가운데 한 명이었다. 많은 이주노동자가 임금을 받지 못하고 일했다. 정보공개 청구로 얻은 고용노동부의 자료에 따르면 미등록 이주노동자를 포함한 전체 이주노동자의 임금 체불 현황은 다음과 같다.

연도별로 살펴보면 매년 임금 체불을 신고한 이주노동자 수와 임금 체불 금액이 증가하는 것을 알 수 있다. 임금 체불을 신고한 노동자 수는 2016년 21,482명에서 2020년 31,998명으로 5년 만에 약 1.5배 증가했다. 임금 체불 금액은 2016년 686억 원에서 2020년 1287억 원으로 5년 만에 1.9배 가까이 증가했다. 이 통계에는 미등록 이주노동자도 포함되어 있지만, 대체로 미등록 이주노동자는 임금 체불이 발생하면 불안정한 체류 지위 때문에 고용주에게 문제 제기를 하기보다 사업장을 떠나는 것을 선택한다. 따라서 신고하지 못한 임금 체불 금액까지 합하면 임금 체불 규모는 더 커질 것으로 보인다.

고용노동부는 임금 체불을 비롯해 이주노동자에 대한 사업주의 불법 행위가 불거질 때마다 위반 사업장을 엄정하게 점검해 최대 외국인 고용허가 취소 및 제한 조치까지 하겠다고 밝

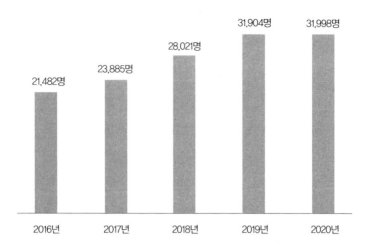

2016~2020년 임금 체불을 신고한 이주노동자의 수

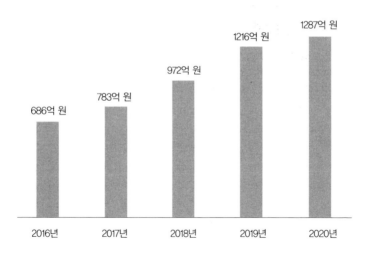

2016~2020년 이주노동자가 신고한 임금 체불 금액

혀 왔다. 하지만 2019년 국정감사 기록을 보면 2017~2018년 이주노동자를 고용하는 사업장에서 연간 6천여 건의 불법이 적발되었지만 노동관계법이나 임금 체불을 이유로 고용허가가 취소된 사업장은 단 한 곳도 없었다. 즉 임금 체불을 하고도 사업주들은 다시 이주노동자를 고용할 수 있었던 것이다. 이에 대해 고용노동부는 언론 보도 설명 자료를 내어 위반한 사업장들을 점검한 결과 적발된 노동관계법 위반 사항들이 일부 수당의 착오 지급 및 미지급 등 신속하게 시정할 수 있는 사항이었기에 고용허가 취소 건이 없다고 말했다.[14] 고용노동부가 보기에 일부 금액이 잘못 지급되고 지급되지 않은 것이 2017년에는 783억 원, 2018년에는 972억 원이었던 셈이다.

이주노동자의 임금 체불 문제는 단순히 그들이 사업주를 잘못 만나서 발생하는 것이 아니다. 임금 체불을 당한 노동자의 수와 체불 금액이 매년 증가하는 현상에는 분명 사회 구조적인 이유가 있다.

임금 체불이 발생하면 이주노동자는 언어와 제도의 장벽 때문에 문제 제기하기 어려운 상황에 놓인다. 인권단체의 도움이 없으면 노동청에 가서 신고하기도 힘들다. 임금 체불을 신고하더라도 입증 책임이 이주노동자에게 있기 때문에 포기하는 이들이 많다. 매일 노동 시간을 기록하더라도 근로감독관들은 증거가 될 수 없다고 물리치며 사업주의 주장을 인정한다. 도대체 어떻게 노동 시간을 입증해야 하는지 알려주는 사람도 없다. 사업주들은 오히려 하소연한다. "우리뿐만 아니라 모두가 다 그렇게 한다. (문제 제기를 한) 너만 유난을 떠는 거다." 심지어 사업주들은 이주노동자는 4년 10개월이라는 비교적 짧은 기간 한국에 머물다가 돌아가야 하기에 임금 체불 문제를 지속적으로 주장하기 어렵다는 점을 악용하기도 한다.

현장에서는 '관행'이라는 말로 이주노동자의 착취를 문제 삼지 말라고 한다. 모두 눈을 감는 사이에 임금 체불 문제는 해결되지 않은 채 계속되고 있다.

최저임금 차등 적용이 '차별'인 이유

내가 만난 일부 사업주들은 이주노동자에게 공짜 노동을 시키며 사실상 최저임금을 주지 않으면서 그마저도 주는 것에 불만을 토로했다.

"쟤네(이주노동자) 못사는 나라에서 왔어. 캄보디아에서는 한 달 최저 월급이 20만~25만 원인데 여기에서는 일고여덟 배 더 벌어가잖아. 그러니까 한국인과 똑같이 최저임금을 적용하면 안 되지. 쟤네 월급 조금만 줘도 여기서 일할 거잖아. 쟤네 퇴직금도 받잖아. 한국만 손해 본다니까."

매년 최저임금 책정을 두고 보수 언론과 경영계는 '최저임금 차등 적용'을 주장한다. 소상공인이나 영세 사업자의 임금 인상 부담을 완화하고 노동 시장에서 상대적으로 경쟁력이 약한 이들의 고용을 촉진하기 위해, 주로 지역·업종·규모별로 차등하거나 다소 생산성이 낮은 청년과 고령자를 차등 적용하자는 제안이다. 농업인 사업주도 이주노동자에게 최저임금을 차등 적용해야 한다고 목소리 높인다. 이에 대해 2019년 9월 캄보디아에서 만난 한국산업인력공단 캄보디아EPS(고용허가제)센터 여동수 센터장은 이렇게 말했다.

　"고용허가제는 '원조'가 아닙니다. 내국인이 일하지 않는 곳에서 외국인을 고용하는 것입니다. 우리가 최저임금으로 노동력을 공급받으니 오히려 우리가 더 혜택을 보는 것입니다. 외국인이라고 해서 최저임금보다 더 낮게 임금을 주는 것은 차별입니다."

　고용허가제는 외국인 고용을 신청하는 사업주에게 내국인 구인 노력을 의무화하고 있다. 그 취지 자체가 내국인(선주민)이 일하지 않는 곳에 외국인(이주민)을 고용한다는 것이다. 선주민이라면 최저임금을 받고 일하지 않을 곳에 이주노동자가 그 자리를 촘촘히 메우고 있다. 여동수 센터장의 말대로, 한국과 사업주 입장에서는 최저임금으로 구하지 못할 노동력을 이주노동자가 제공하니 더 혜택을 보는 셈이다.

캄보디아 출신 여성 노동자 비스나(20대) 씨에게 한국의 사업주들이 외국인 노동자에게 한국인 노동자보다 낮은 최저임금을 주고 싶어 한다는 이야기를 해주었더니 그는 눈을 부릅뜨며 내게 반문했다.

"그래요? 우리가 못사는 나라에서 왔으니까, 최저임금의 절반만 준다고요? 그럼 못사는 나라에서 왔으니까 세금도 절반만 낼게요. 못사는 나라에서 왔으니까 음식 값도, 버스 값도 절반만 낼게요. 그러면 될까요?"

비스나 씨의 지적대로 이주노동자가 '못사는 나라'에서 왔기 때문에 한국 사람들보다 최저임금을 더 적게 책정해야 한다면 식비, 주거비, 교통비, 각종 세금도 더 적게 내야 할 것이다. 이주노동자가 한국보다 '못사는 나라'에서 왔다는 것이 이주노동자에게 최저임금보다 더 낮은 급여를 주어야 하는 이유가 될 수는 없다.

만약 이주노동자와 선주민 사이에 임금을 다르게 적용하면 어떻게 될까? 이것은 국내뿐 아니라 국제적으로도 문제가 된다. 국제노동기구는 2021년 기준 총 190개의 협약을 채택했는데, 그중에서 가입한 회원국이라면 지켜야 할 가장 기본적인 협약 8개를 정했다. 8개 기본 협약 중 하나가 바로 1958년 국제노동기구 총회에서 채택한 제111호 '고용 및 직업상의 차별에 관한 협약(Convention concerning Discrimination in Respect of Employment and Occupation, 이하 차별 협약)'이다. 차별 협약은 고용과 직업에서 모든 형태의 차별은 철폐되어야 하며 인종, 피부색, 성별, 종교, 정치적 견해, 출신국, 사회적 성분에 따라 차별하거나 배제하면 안 된다고 규정하고 있다. 1998년 우리나라도 이 협약을 비준했다. 따라서 선주민과 이주민을 단순히 국적의 차이, 피부색, 인종 등으로 차별 대우를 하면 이 협약에 위반된다. 또한 1949년 국제노동기구 총회에서 채택한 제97호 '취업 이주 협약(Migration for Employment Convention)'에 따르면, 한 국가 내에서 일하는 모든 이주노동자들에게 국적, 인종, 종교, 성별에 관계없이 특정 문제에 관해서 자국민보다 불리한 대우를 하면 안 된다. 우리나라는 이 협약에 비준하지는 않았지만 이주노동자와 자국민을 동등하게 대우해야 함은 국제적인 규범이자 합의이다.

2019년 고용노동부는 최저임금 차등 적용은 타당하지 않다는 입장을 내놓았다.[15] 최저임금위원회는 최저임금 차등 적용이 가능한지 알아보기 위해 전문가 18명으로 구성된 '최저임금 제도개선 태스크포스(TF)'를 꾸려 그 타당성을 살펴보았다. 결론적으로 말해 다수의견은 최저임금 차등 적용은 어렵다는 것이었다. TF의 권고안에는 자세한 이유가 나와 있다. 업종별 구분은 어떤 업종을 차등하든 그 타당성을 찾기 어려운 데다 최저임금보다 낮은 저임금 업종을 부정적으로 인식하는 낙인 효과가 발생한다. 지역별 구분은 사람들이 그 지역에 가서 일하는 것을 회피하게 만들 것이고 지역 균형 발전을 저해할 수 있다. 연령별 구분은 우선 청년층의 생산성이 다른 연령에 비해 특별히 낮지 않기에 임금을 감액하는 것이 타당하지 않다. 고령층에 대한 감액은 연령을 이유로 한 차별이자 다른 선진국에서도 사례를 찾아보기 어렵다(최저임금을 차등 적용하는 영국, 프랑스, 독일, 미국의 일부 주의 경우 주로 17~20세 미만 노동자에게 일정 기간에 한해서만 허용하고 있기 때문이다).

또한 권고안에는 이주노동자 차등 적용은 국적, 인종과 관계없이 균등한 대우를 규정한 국제노동기구 제111호 차별 협약에 위반된다고 명시하고 있다. 외국인에 대한 최저임금 차등 적용은 일자리를 구하는 국내 노동자에게도 결코 좋지 않은 영향을 줄 것이다. 사업주는 더 적은 임금을 주면서 이주노동자를 고용하려고 하지 내국인 채용을 꺼릴 수 있기 때문이다. 이 모든 악영향을 문제 삼지 않더라도 본질적으로 최저임금 차등 적용은 '동일노동 동일임금' 원칙에 어긋난다. 최저임금은 한국에서 일하는 모든 사람들이 국적, 인종, 성별, 성적지향 등에 상관없이 기본적으로 받아야 생활을 유지할 수 있는 그야말로 '최저' 기준이다. 이주노동자에 대한 최저임금 차등 지급은 '차등'이 아니라 '차별'일 뿐이다.

3장

사람 없는 인력

코리안드림을
꿈꾸다

"나이가 많아서 안 되는 것 같아요"

보파(가명, 30대) 씨를 만난 건 2019년 내가 캄보디아로 현장 연구를 갔을 때였다. 1986년생인 그는 150센티미터 중반 정도 되는 키에 다부진 체구를 가졌다. 항상 긴 청바지를 입었고 더운 날씨에도 따가운 햇볕을 가리기 위해 긴팔을 입었다. 주로 오토바이를 타고 다녔는데, 헬멧을 벗으면 갈색 피부에 이마 쪽 곱슬한 머리가 보였다. 목소리는 컸지만 상냥함이 묻어났다. 늘 내게 '언니' 하고 부르며 먼저 말을 걸어주었다.

보파 씨는 캄보디아 남부의 프레이벵 출신인데, 그곳은 캄보디아의 수도 프놈펜과 100킬로미터 정도 떨어져 있어 오토바이로 가면 약 3시간이 걸린다. 보파 씨는 초등학교를 졸업한 후 부모의 농사일을 돕다가 스무 살 때 프놈펜에 가서 일자리를 찾았다. 보파 씨가 가진 선택지는 그리 많지 않았다. 교육을 많이 받지 못한 캄보디아 여성들이 보통 프놈펜에 와서 일자리를 찾을 때는 미용실에 취직해 기술을 배우면서 돈을 버는 경우가 많았고, 보파 씨도 그렇게 했다. 보파 씨는 한 미용실에서 숙식을 해결하면서 일을 배웠다. 그가 한 달에 번 돈은 약 70~80달러(약 9만 원) 정도였다.[16]

보파 씨는 미용 기술을 배우면서 돈을 모으기가 힘들자 봉제 공장에 들어갔다. 프놈펜 외곽에는 중국과 한국의 봉제 공장이 줄지어 있다. 2014년 하루 8시간 일을 하고 한 달에 받는 최저임금은 1백 달러(약 12만 원)였다. 그는 봉제 공장 주변에 '벌집'이라 불린 두세 평 남짓한 방이 다닥다닥 붙어 있는 건물에 방을 얻었다. 한 달 월급이 1백 달러인데, 방세는 20~30달러(약 3만 원)였다. 방세를 아끼기 위해서 서너 명이 한방에 같이 살았다.

끝이 보이지 않는 가난에 허덕이던 중 보파 씨는 여동생이 한국의 한 공장에 취업해 일을 하게 되었다는 소식을 들었다. 동생의 한 달 월급은 보파 씨의 월급보다 일고여덟 배 정도 많았다. 보파 씨도 한국행을 결심했다.

	'14년	'15년	'16년	'17년	'18년	'19년	'20년	'21년
최저임금 (미국 달러)	100	128	140	153	170	182	190	192
인상률 (퍼센트)	25	28	9.38	9.29	11.11	7.06	4.40	1.05

캄보디아 봉제 부문 최저임금 연도별 동향. 최근 들어 인상률이 낮아지고 있다. (KOTRA 프놈펜 무역관 자료 참고)

한국에서 일하려면 일단 '한국어능력시험'에 합격해야 한다. 보파 씨는 공장에서 일을 마친 후 한국어 학원에 다녔다. 한국에서 일하고 돌아온 캄보디아 사람들이 차린 학원이었는데, 그런 학원들이 공장 주변에 많았다. 공장에서 야간작업을 하느라 학원에 못 가는 날도 있었고, 늦게까지 일하다 가는 날에는 너무 졸려서 꾸벅꾸벅 졸기도 했다. 그래도 《너도나도 한국어》 교재를 늘 옆구리에 끼고 다니며 보고 또 보려 했다.

한국어능력시험 보는 날이 다가왔다. 응시원서에는 신청 희망 직종을 표시하는 칸이 있는데, 보파 씨는 농·축산업과 제조업 가운데 고민했다. 기회가 된다면 상대적으로 일이 덜 힘들고 임금이 높은 제조업으로 가고 싶었지만, 제조업은 지원하는 사람들이 많아 합격선이 높은 반면 농·축산업은 합격선이 낮다. 게다가 고용허가제상 캄보디아는 농·축산업 특화국으로 분류되어 있어 농업 노동자를 더 많이 뽑기도 했다.

보파 씨는 혹시나 하는 기대를 품고 제조업으로 지원해 시험

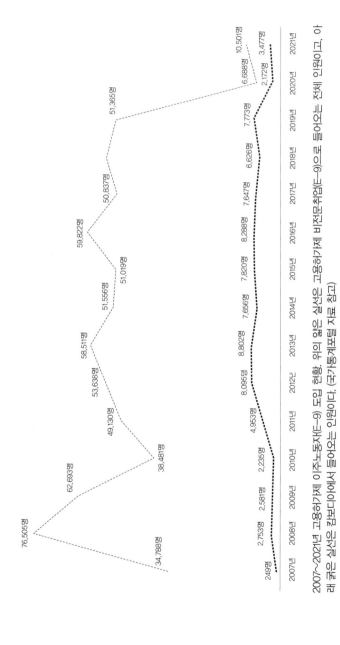

2007~2021년 고용허가제 이주노동자(E-9) 도입 현황. 위의 얇은 실선은 고용허가제 비전문취업(E-9)으로 들어오는 전체 인원이고, 아래 굵은 실선은 캄보디아에서 들어오는 인원이다. (국가통계포털 자료 참고)

102

을 봤지만 아쉽게도 떨어졌다. 그해 경쟁률은 무려 12.8 대 1이었다. 한국어능력시험은 1년에 한 번 볼 수 있고 비용은 24달러 정도이다. 한 달 월급의 거의 4분의 1이었다. 보파 씨는 학원비와 시험 비용이 부담되었으나 한국에서 일하는 동생과 프놈펜에 사는 이모의 도움을 받아 다시 한국행에 도전하기로 했다.

캄보디아는 2007년부터 고용허가제 인력 송출 국가로 선정되어, 초창기와 코로나19로 인한 국경 봉쇄기를 제외하면 한 해 보통 6천~8천 명을 한국으로 보내는데, 자격 요건인 한국어능력시험의 응시 인원이 점점 늘어 2014년부터는 5만 명을 넘었다. 보파 씨는 다섯 번의 도전 끝에 마침내 2018년 농·축산업 분야에서 합격했다. 한국어능력시험에도 합격했고 2차 기능수준평가도 무난하게 치렀다. 이제 최종 관문인 사업주의 선택만을 남겨 두고 있었다.

시험에 합격했다고 해서 모두 한국으로 갈 수 있는 것이 아니다. 한국어능력시험 성적 유효 기간이 2년이기에 2년 내에 자신을 고용하고 싶다는 사업주로부터 선택을 받아 근로계약을 체결해야 한다. 한국의 고용 센터는 보통 사업주가 신청한 구직 인원의 3배수로 알선하고, 사업주는 센터를 통해 구직자의 정보(키, 몸무게, 성별, 한국어능력시험 점수 등)를 검토해서 선택한다. 따라서 매년 5만~10만 명은 한국어능력시험에 합격해도 사업자의 선택을 받지 못해 한국에 가지 못한다.

끝내 보파 씨는 연락을 받지 못했다. 시험에 붙기까지 5년이 걸렸고 합격 후 2년 내내 연락을 기다렸지만 소용이 없었다. 그는 말했다.

"내가 나이가 많아서 안 되는 것 같아요."

한국어능력시험 응시 자격은 만 18세 이상 39세 이하이지만 실제 한국의 사업주들은 일이 힘들어도 버텨낼 수 있는 20대 초중반의 '젊은' 노동자를 선호한다. 심지어 20대 후반만 되어도 '늙어서' 일을 잘하지 못한다고 여기며 고용을 꺼리는 분위기이다.

보파 씨는 고용될 가능성이 낮더라도 마지막으로 한 번 더 도전해보고 싶었다. 그러나 코로나19 유행으로 한국어능력시험 자체가 연기되었다. 설상가상으로 봉제 공장의 일거리도 줄어들어 일까지 그만두어야 했다. 보파 씨는 한국행을 포기하고 프놈펜 외곽에 캄보디아식 어묵튀김을 파는 작은 가게를 차렸다.

결혼 말고 한국

1990년생 깐나(가명) 씨도 보파 씨와 상황이 비슷했다. 프놈펜 외곽 칸달 출신인 깐나 씨는 9남매 중 다섯째로 태어났다. 그는 초등학교를 졸업하고 도시로 가서 언니의 식당일을 돕기 시작했다.

스무 살이 되던 해에 깐나 씨의 부모님은 그에게 결혼을 종용했다. '2014년 캄보디아 인구 및 보건조사'에 따르면 초혼 연령이 여성은 20.5세, 남성은 23.0세로 상당히 이른 편이다.[17] 캄보디아에서 깐나 씨는 결혼하기에 어린 나이가 아니었지만 그의 부모님이 결혼을 서두른 이유는 '신부대(지참금)' 때문이었다. 캄보디아에서는 보통 결혼을 하면 신랑집에서 신부집에 돈을 지불하는데, 지방에서는 보통 2천~3천 달러(약 240만~360만 원), 프놈펜의 중산층은 7천~1만 5천 달러(약 840만~1800만 원), 최상류층은 10만 달러(약 1억 2천만 원) 정도라고 한다.[18] 점점 없어지는 추세이기는 하지만 지방에서는 여전히 신부대 전통이 강했다.

깐나 씨는 돈 때문에 결혼하고 싶지 않았지만 부모님의 요구를 마냥 거부할 수는 없는 노릇이었다. 그러던 중 한국에 일하러 갈 수 있다는 소식을 라디오에서 들었고 바로 준비를 시작했다. 2010년에 깐나 씨는 농·축산업 분야에 지원해 한국어능력시험을 보았고 합격했다. 이제 한국 사업주의 연락을 기다릴 차례였다. 거의 2년이 다 되어 갈 무렵, 한국산업인력공단 캄보디아EPS센터에서 깐나 씨를 고용하겠다는 사업주가 있다는 연락을 받았다. 보파 씨에 비해 깐나 씨는 운이 좋았다.

"많이 울었어요. 부모님은 내게 계속 말했어요. '결혼해, 결혼

해, 결혼해.' 나는 거의 2년 동안 부모님 집에 안 갔고 언니랑 같이 살았어요. 그러다가 전화를 받았어요. (근로계약서에) 사인하면 한국에 간다고 해서 너무 신났어요. 잘됐어요. 돈도 없는데 결혼해서 어떻게 살아요? 결혼 안 해도 돼. 혼자 살아도 돼. 내 일을 하고 돈을 많이 벌고 싶어요. 나중에 좋아하는 사람 만나서 결혼하고 싶어요. 많이 울었어요. 생각도 많이 했어요."

깐나 씨는 한국에 대해서 잘 몰랐고 거기서 자신이 정확히 무슨 일을 하게 될지도 몰랐다. 인터넷으로 사업주의 주소를 쳐서 검색해보았지만 어떤 농장인지 나오지 않았다. 대부분의 예비 노동자들이 자신의 일이나 자신이 일할 곳에 대한 정보를 제대로 얻지 못했다. 근로계약서에 적힌 '작물재배업'이라는 말이나 지역명, 사업주의 이름만 보고 자신이 어떤 곳에서 어떤 일을 할지 알기는 어려웠다. 기숙사 역시 어떤 시설인지 표시는 되어 있었지만 어떤 모습일지는 알 수 없었다.

캄보디아 여성 나비(가명, 30대) 씨는 2013년 한국에 들어올 때 자신의 심정이 어땠는지 이렇게 말했다.

"처음에 한국에 오는 것이 많이 걱정되고 무서웠어요. 시간이 지나면서 많은 사람들이 한국에 갔고, 그 사람들에게 물어봤습니다. '한국에 가니까 어때? 많이 힘들어? 특히 여자가 한국에 가면 어때?' 사람들이 제게 이렇게 말했어요. '한국 괜찮은 것 같아. 한국의 법들이 잘 지켜지는 것 같아.' 그래서 한국에 오기로 결심했어요."

8박 9일간의 '근면' 훈련

근로계약서를 작성한 예비 노동자들은 출국 전에 프놈펜의 한 대학에 모여 8박 9일간 합숙하며 사전 취업 교육을 받는다. 오전 5시에 운동을 시작으로 하루 7시간의 교육이 진행된다. 이런 교육은 노동자라면 갖추어야 할 근면한 태도와 건강한 신체를 단련하기 위한 일종의 훈련으로 보인다.

수업 시간에는 한국어, 한국 문화, 한국 법에 대해 배운다. 이곳의 한 선생님을 인터뷰한 적이 있는데, 그는 이 훈련을 "공동 생활 적응 훈련을 단기적으로 한다는 느낌"이라고 평가했다. 그는 학생들(예비 노동자들)이 한국 생활에 적응하기 쉽도록 책에서는 다루지 않는 현재의 한국 문화를 주로 설명하는데, 이해도가 크게 차이난다고 말했다.

"교재에는 전화로 짜장면을 시키는 부분이 나와요. 너무 옛날 방식이잖아요. 한국에서는 이제 전화 주문보다 앱(애플리케이션)으로 많이 주문하잖아요. 프놈펜은 이제야 배달 문화가 시작되었어요. 프놈펜 출신 학생들은 배달 문화를 알아요. 그런데 농촌 출신 학생들은 이게 뭔지 모르는 거죠. 이 차이가 너무 큰 거예요. 전화 배달 시스템도 이해를 못 하는데 앱 배달 시스템은 더 이해를 못 하죠."

나는 한 수업을 참관했다. 150명 정도의 학생들이 큰 강당에 모여 앉아 있었다. 대부분 20대 초중반인 그들은 곧 한국으로 간다는 생각에 들떠 보였다. 잠시 뒤 캄보디아EPS센터의 센터장이 들어왔고 옆에 캄보디아 통역사가 배석했다. 그는 학생들에게 여러 가지 당부의 말을 전했다. 아프지 말고 건강히 잘 지내다 돌아오길 바란다, 한국어를 열심히 공부해 사업장에서 오해가 생기지 않도록 의사소통을 원활하게 해야 한다, 인사를 잘해 고용주에게 좋은 인상을 남기면 좋겠다 등등. 캄보디아에서는 두 손을 모으고 합장하는 방식으로 인사를 하지만 한국에서는 두 손을 모으고 머리를 숙여서 인사를 한다며 손수 보여주기도 했다. 그러고 나서 몇몇 학생들에게 따라해보라고 했다.

그렇게 8박 9일의 사전 취업 교육을 받는 데 드는 비용은 2020년 한 사람당 120달러(약 14만 원)였다. 물값을 포함한 식사 비용은 별도였다. 캄보디아의 한 달 최저임금이 190달러(약 22만 원)라는 점을 감안하면 교육비는 꽤나 비싼 편이었다. 캄보디아 여권과 한국 비자 발급 비용, 비행기 편도값까지 합하면 1천 달러(약 118만 원)가 넘었다. 그러다 보니 예비 노동자들은 출국을 위해 대출을 받기도 했다. 고용허가제를 통해 한국에 가는 것만으로도 한국 은행의 해외 지점에서 돈을 빌릴 수 있기 때문이다. 대출금은 고스란히 빚이 되었다.

예비 노동자들은 교육이 끝나면 보통 일주일 뒤 프놈펜 공항에서 출국 수속을 밟았다. 당분간 만나지 못하기에 지방에 사는 가족들이 배웅을 하러 프놈펜으로 왔다. 승합차 한 대를 빌려서 가족, 친척, 동네 이웃들이 다 타고 오기도 했다. 프놈펜 공항은 출구와 입구가 각각 하나였고 여권이 있는 사람만 들어갈 수 있기에, 배웅하는 가족들은 공항 밖 유리창을 통해 예비 노동자들이 입국장으로 들어가는 모습을 지켜봤다.

캄보디아의 최고 대학인 왕립프놈펜대학 한국어학과에 들어간 리스메이(가명, 20대 여성) 씨는 1학년을 마친 후 한국으로 향했다. 이곳 한국어학과 학생들은 대부분 대학 졸업보다 한국행을 택하는데, 리스메이 씨도 그런 경우였다. 한국의 한 식품 가공 공장에 고용되어, 한국으로 가기 위해 처음 비행기에 탔을 때의 심정을 이렇게 말했다.

"처음으로 비행기를 탔어요. 비행기가 이륙하기 시작할 때 창밖을 바라보는데 도시 불빛들이 반짝거리고 그 불빛들이 점점 멀어지는 거예요. 그때 정말 실감이 났어요. 내가 진짜 떠나는구나, 엄마 아빠를 한동안 보지 못하는구나 하는 생각이 들면서 눈물이 났어요. 처음에 갈 때는 걱정이 많이 됐어요. 그렇잖아요. 우리는 아무것도 모르잖아요."

그렇게 이주노동자는 설레는 꿈을 안고 한국행 비행기에 몸을 실어 프놈펜의 반짝이는 불빛들로부터 멀어진다. 그리고 '미지의' 한국 문화로 빨려 들어간다.

"마약이요? 저는 해열제를 먹은 것뿐입니다"

한국에 입국하면 예비 노동자들은 2박 3일 동안 16시간 이상의 외국인 취업 교육을 받고(입국 전에 받는 사전 취업 교육과 별개이다) 건강검진을 받는다. 2018년 4월에 입국한 캄보디아 여성 아카라(가명, 20대) 씨는 충남 논산의 한 비닐하우스에서 일을 하기로 되어 있었다. 그는 취업 교육을 받으면서 의무 사항인 건강검진을 받았다. 그런데 소변검사에서 '코데인'이라는 마약 성분이 검출되었다. 아카라 씨는 절대 마약을 하지 않았다고 주장했지만 받아들여지지 않았다. 출입국관리법에 의해 강제 퇴거 명령이 내려졌고 청주보호소에 구금되었다. 며칠 후면 강제 출국이었다.

억울한 아카라 씨의 친구들이 이주인권단체 '지구인의 정류장'에 도움을 요청했다. 단체에서 정황을 살펴보니, 귀국 전에 몸에 열이 난 아카라 씨가 캄보디아에서 감기약을 사 먹었는데, 그 약의 코데인 함량이 한국에서 파는 약보다 좀 더 높았고, 이로 인해 한국 정부 기관에서 아카라 씨가 마약을 했다고 여긴 것이었다. 다행히 아카라 씨는 감기약과 처방전을 갖고 있었다. 캄보디아 대사관에서는 아카라 씨를 돕기 위해 탄원서를 써주었다.

"캄보디아 왕립 대사관은 그(아카라 씨)의 소변에서 나온 의약 물질이 그가 복용한 의약품으로부터 나왔을 것이라고 확인하는 바입니다. 이와 관련하여 만약 한국 관계 당국이 다시 중재하여 그의 소변검사를 다시 실시한다면 캄보디아 왕립 대사관은 매우 감사할 것입니다."

아카라 씨의 무료 변론을 맡은 최정규 변호사는 대전출입국외국인사무소에 이의 신청을 했지만 결과는 좋지 않았다. 담당자가 사정은 이해하나 지침상 어쩔 수 없다고 답했기 때문이다. 결국 소송을 진행하기로 결정했다.

소송을 준비하던 중 다행스럽게도 법무부로부터 관련 지침이 바뀌어 구제 방안을 마련한다는 소식을 전해들었다. 법무부가 2019년 8월 '단순노무인력 단체입국자 마약 검사 업무처리지침'을 개정해 코데인 양성자로 판정받아 강제 퇴거 명령을 받은 이가 이의 신청을 하면 재검의 기회를 부여하기로 한 것이다. 그동안 감기약만 먹었는데 양성이 나왔다는 이의 신청이 많았는 데다 추가 검증 없이 강제 퇴거하는 것은 문제의 소지가 있을 수 있다는 이유였다.[19] 늦었지만 지금이라도 지침이 개정된 것이 다행이었다.

　법무부는 아카라 씨의 이의 신청 기각 결정을 철회했고 아카라 씨는 재검사를 받았다. 그리고 마침내 2019년 9월 아카라 씨는 재검사에서 마약 성분이 검출되지 않았다는 통보를 받았다. 3개월 동안 외국인보호소에 갇혀 있던 아카라 씨는 이제 사업장에서 일을 시작할 수 있었다.

고용허가제의
탄생

산업연수생제에서 고용허가제로

　2004년 고용허가제가 시행되기 이전에는 '산업연수생제도'
가 있었다. 1993년도에 도입된 산업연수생제도의 목적은 "중
소기업은 인력난을 완화하고 연수생에게는 기술 기회를 습득
하여 국가 간의 상호 협력을 증진"하는 것이었다.[20] 연수생이
한국에서 일하며 기술을 습득한 후 본국으로 돌아가면, 연수
생 송출국은 경제 발전에 도움을 얻을 수 있고 한국은 내국인
이 기피하는 업종에 부족한 인력을 구할 수 있기에 서로 도움
이 될 수 있다는 것이었다.

그러나 실상 연수생들은 3D업종(더럽고dirty, 어렵고difficult, 위험한dangerous 분야의 일)에서 일하면서 기술을 배우기는커녕 단순 노동만 반복했다. 게다가 그들은 '노동자'가 아니라 '연수생'이기에 근로기준법을 비롯한 노동관계법의 보호를 받지 못했고 최저임금도 보장받지 못했다. 대부분의 연수생들은 기술은 배우지 못하고 저임금 장시간 노동에 시달렸다. 2000년에 실시된 중소기업연구원의 한 조사에 따르면 "연수생의 평균 근로 시간은 주당 56.9시간으로 주 6일을 기준으로 하면 하루 평균 약 9.5시간"을 일했고, 이들의 임금은 한 사람당 평균 737,300원이었으며, 이는 "내국인 근로자의 초임인 949,000원의 80.8퍼센트"에 해당했다.[21]

근무 조건도 열악했다. 연수생들은 사업주와 직장 동료의 언어폭력에 시달렸다. 성희롱, 강간을 비롯한 성폭력 문제도 있었다. 연수생이 열악한 조건을 견디지 못하고 사업장을 이탈할까 봐 어떤 사업주는 여권이나 신분증, 통장을 압수하기도 했다. 이런 사건이 자주 문제가 되자 여러 시민단체에서 산업연수생제도를 '현대판 노예제'라고 비판하며 폐지를 촉구하는 시위를 벌였다.

점점 내국인을 구하기가 어려웠던 중소기업에서는 연수생을 '불법'적으로 고용하는 일이 많았다. 기존 사업장을 이탈하거나 체류 기간이 만료되어 '불법 체류' 상태가 된 이들은 아이러니하게도 연수생 때보다 더 적게 일하고도 더 많은 돈을 받을 수 있었다. 2001년도 한국노동연구원의 '외국인근로자고용실태조사'에 따르면 연수생은 월 평균 276시간 일하고 82만 원을 받지만, '불법 체류자'는 월 평균 240시간을 일하고 85만 원을 받았다. 사업주들은 인력난이 심해 '불법 체류자'라도 고용하고 싶어 했고, 그들에게 돈을 조금 더 주더라도 내국인보다 인건비가 쌌다. 연수생 입장에서 보면 추방의 위험은 있지만 '불법 체류자'가 되면 더 나은 대우를 받을 수 있었던 것이다.

게다가 연수생으로 들어오려면 브로커를 통해야 했기 때문에 이주 비용(비자 비용, 비행기 값, 수수료 등등)으로 많게는 수천만 원의 빚을 지기도 했다. 연수생을 도입하는 주체가 정부 기관이 아니라 농협, 건설협회 같은 이익 단체들이었고, 송출하는 주체도 각국의 민간 업체들이었기에 송출 비리가 벌어졌던 것이다. 연수생으로 받는 저임금으로 가족에게 돈을 보내면서 빚을 갚기에 연수 기간 3년은 턱없이 짧았다. 그래서 많은 연수생들은 기존 사업장을 이탈하기도 했고 체류 기간이 끝난 뒤에도 계속 남아서 일하는 것을 선택하기도 했다. 위 실태 조사를 보면 2001년 12월 기준 국내 체류 외국 인력의 약 33만 명 중에서 약 77.4퍼센트인 약 25만 명이 '불법 체류자'였다.

'불법 체류'는 개인의 일탈이라기보다 사회구조적 문제라고 보는 것이 맞을 것이다. 연수생에 대한 열악한 처우, 브로커에게 내는 막대한 비용, 내국인 기피로 인한 3D업종의 인력난 등 여러 사회 현상이 맞물려 구조화된 불법성이 만들어진 것이다.

결국 2003년 '외국인고용법'이 제정되었고 2004년부터 지금의 '고용허가제'가 시행되었다. 고용허가제를 통해 이주노동자는 브로커가 아닌 정부 기관의 취업 알선을 통해 들어오게 되었고, '노동자'로서 우리 사회가 보장하는 기본적인 법적 보호를 받게 되었다. 산업연수생제도는 2007년부터 추가적인 연수생 도입이 중단됨으로써 사실상 폐지되었다. 고용노동부 홈페이지 내 용어사전을 보면, '산업연수생제도'를 "외국 인력의 편법 활용, 사업장 이탈, 임금 체불, 외국인 근로자의 인권 침해 등의 문제를 야기"했다고 평가하고 있다.[22]

어떤 사람들은 고용허가제가 한국 사람들의 일자리를 빼앗는다고 주장한다. 이는 사실이 아니다. 기본적으로 고용허가제는 인력이 부족한 한국의 사업장에 이주노동자가 단기로 와서 빈자리를 채우는 것을 목표로 삼는다. 그래서 이 제도는 내국인 구인 노력을 의무화한다. 제조업, 건설업, 서비스업은 14일 동안, 농·축산업과 어업은 7일 동안 일자리가 필요하다는 공고를 낸 뒤에도 일손을 구하지 못하면 이주노동자를 고용할 수 있다. 내국인(선주민)이 일하러 오지 않는 곳에 외국인(이주민)이 일을 하도록 돕는 제도인 것이다. 따라서 고용허가제는 한국이 필요로 해서 만든 제도이지 저개발국 사람들에게 시혜를 베풀기 위해 만들어진 제도가 아니다.

'현대판 노예제'

2021년 기준으로 한국 정부와 인력 송출에 관한 정부 간 양해각서(MOU)를 체결한 국가는 16개국이다. 고용허가제 송출 국가를 양해각서 체결 순서대로 나열하면 필리핀, 몽골, 스리랑카, 베트남, 태국, 인도네시아, 우즈베키스탄, 파키스탄, 캄보디아, 중국, 방글라데시, 네팔, 키르기스스탄, 미얀마, 동티모르, 라오스이다. 이곳에서 1년에 약 5만 5천 명의 20·30대 젊은 이주노동자가 한국에 입국한다.

고용허가제를 새로 도입함으로써 산업연수생제도의 폐해가 일부 해결된 것은 사실이지만 고용허가제 역시 문제가 없는 것은 아니다. 특히 이주노동자를 옭아매는 조항 때문에 비판을 많이 받는다.

가장 문제가 되는 조항은 바로 사업장 변경 권한이 사업주에게 유리하게 되어 있다는 점이다(외국인고용법 제25조 제1항). 사업장 변경 제한은 우리 헌법에서 보장하는 직업 선택의 자유를 침해할 뿐만 아니라 노동자 본인의 의사에 반하는 강제노동을 초래할 위험이 있다는 지적을 오랫동안 받아 왔다. 앞서 설명했듯이 이주노동자가 사업장을 변경하고 싶으면 근로계약 해지에 대해 사업주의 동의를 얻거나 아니면 사업주의 위반 사항을 스스로 입증해야 한다. 사실상 이주노동자는 사업주가 동의해주지 않으면 일자리를 옮기고 싶어도 갈 수가 없는 셈이다.

고용주들은 사업장 변경을 해주는 대가로 1백~3백만 원의 돈을 요구하기도 했다. 한 고용주는 내게 이런 핑계를 댔다. "우리가 얘네 데려올 때 돈 주고 데려왔으니까 받아도 돼." 그러나 고용주들이 새로 입국하는 이주노동자 한 명을 고용할 때 농협중앙회에 수수료 명목으로 내는 돈은 약 32만 원이다. 한국에서 사업장을 바꾸는 이주노동자를 고용할 때는 수수료를 내지 않아도 된다. 오히려 몇몇 지방자치단체에서는 이주노동자를 고용한 사업주에게 이주노동자 한 사람당 매달 9만 원의 보조금을 지급하기도 한다. 이런 혜택은 쏙 빼고 이주노동자에게 당한 피해만 강조하는 사업주들을 많이 봤다.

둘째, 운이 좋게 사업장을 변경할 수 있더라도 3개월 안에 새 사업장을 구해야 한다(외국인고용법 제25조 제3항). 업무상 재해나 질병, 임신, 출산 등의 사유를 제외하고 3개월 내 사업장 변경 허가를 받지 못하면 출입국관리법 제46조에 따라 강제 퇴거된다. 이주노동자들은 기간 내 일자리를 구하지 못할까 봐 두려워 그저 연락이 오는 대로 일하러 가는 경우가 많았다. 보통 사업주와 간단히 통화해 어떤 농사를 짓는 곳인지 대충의 정보는 얻지만, 기숙사 시설과 비용, 임금에 대한 중요한 내용은 알지 못한 채 근로계약서에 서명을 했다. 악순환이 반복될 수밖에 없는 구조이다.

셋째, 사업장 변경은 3년간 3회로 제한된다(외국인고용법 제25조 제4항). 3년간 일한 후 재고용돼 1년 10개월 연장이 되면 이 기간에는 사업장 변경이 2회 허용된다. 다만 사업주가 폐업이나 파산을 하거나 성폭력, 폭행, 상습적 폭언을 비롯한 부당한 처우가 인정되거나 기숙사 시설 기준 미달, 임금 체불 등의 근로 조건 위반 사실이 있다면 이 횟수에 포함되지 않는다. 그러나 앞서도 말했듯 사업주의 불법 행위 입증이 쉽지 않기에 사실상 극한 상황을 제외하고는 '미포함 횟수 규정' 자체가 무용지물이다.

마지막으로 사업주는 이주노동자가 사업장에서 5일 이상 무단이탈을 하면 고용 센터와 출입국사무소에 신고할 의무가 있는데(외국인고용법 시행령 제23조) 이 조항이 자주 악용된다. 법 자체는 이주노동자 관리에 대한 책임을 사업주에게 지운 것이지만 이 책임이 현장에서 협박으로 쓰였다. 왜냐하면 무단이탈로 신고된 이주노동자는 출국 조치를 당하기 때문이다. "너 내가 불법 만들어버릴 거야." "신고해서 너희 나라로 쫓아낼 거야." 고용허가제는 사업주에게 이주노동자를 고용할 수 있는 권한만 주면 되는데, 이주노동자의 체류 자격을 좌지우지할 수 있는 권한까지 준 셈이다.

2020년 3월, 이주노동자 다섯 명이 이주인권단체와 '민주사회를 위한 변호사모임' 소속 변호사들의 도움을 받아, 고용허가제의 사업장 변경 제한에 관한 헌법소원심판청구서를 제출했다. 이들은 이주노동자의 사업장 변경을 제한하는 법(외국인고용법 제25조 등)이 헌법상 기본권을 침해한다고 주장했다. 인간의 존엄과 가치, 행복추구권(헌법 제10조), 강제노역을 받지 않을 권리(헌법 제12조), 직업 선택의 자유(헌법 제15조), 일할 환경에 관한 권리(헌법 제32조)를 제한하며, 국제법 존중주의(헌법 제6조)에도 어긋난다는 것이었다.

청구인 1은 사업주가 연장 근로 수당 없이 연장 근로를 요구해서 장시간 일을 해야 했다. 청구인 2는 건설기계조정면허가 없는데도 사업주로부터 지게차를 운전하도록 강요당해 다른 직무를 요청하니 출신국으로 돌려보내겠다는 협박을 당했다. 청구인 3은 사업주로부터 사업장 변경에 동의해줄 테니 3백만 원을 내라고 강요받았다. 청구인 4는 몸에 해로운 화학 약품이 계속해서 노출되는 곳에서 일해야 했다. 청구인 5는 동료 노동자 열 명이 죽거나 다친 산재를 목격하며 극심한 트라우마에 시달렸다. 청구인들은 각각의 이유로 사업주에게 사업장을 변경해 달라고 했지만 모두 거절당한 상태였다.

2021년 12월 헌법재판소는 이주노동자들의 헌법소원 청구를 기각·각하하며 외국인고용법에 대한 합헌 결정을 내렸다(찬성 7, 반대 2). 이주노동자의 사업장 변경을 제한하는 것은 사용자의 안정적 인력 확보를 위한 것이고, '불법 체류자'가 급격히 늘어 가는 상황에서 외국인 노동자의 효율적인 관리가 필요하며, 내국인 고용 기회 보호가 필요하기에 명백하게 불합리하다고 보기 어렵다는 것이 다수 의견이었다. 소수 의견으로는 사업장 변경 사유를 과도하게 제한하는 것이 오히려 '불법 체류' 외국인 노동자를 양산하는 결과를 가져왔고, 외국인 노동자가 사용자와 대등한 위치에서 자유롭게 근로 조건을 결정할 수 없게 하며, 직장 선택의 자유를 침해한다는 내용이 있었다.

2022년 2월, '이주노동자 사업장변경제한 합헌결정 비판 토론회'가 열렸다. 분위기는 무거웠다. 헌법소원 청구인들은 한국의 법은 잘잘못을 가리는 것이 아니라 한국 사업주의 편이라며 비판의 목소리를 높였다. 토론회에 참가한 김지혜 강릉원주대 교수는 현재 이주노동자의 사업장 변경은 노동자가 자유롭게 직장을 변경할 수 있는 것이 아니라 모두 사업자 측에서 사유가 발생했을 때 변경이 가능하다는 점을 지적했다. 이주노동자가 자유롭게 사업장을 변경할 수 없는 것 자체가 기본권 침해이며, '3회'라는 변경 횟수도 타당성이 없다고 주장했다. 또 헌법재판소는 이주노동자의 효율적인 관리를 위해 사업장 변경을 억제할 필요가 있다고 했지만, 사업장에 묶어놓기 위해 변경을 제한하는 것은 강제 노동 속성을 띤다고 말했다.

우삼열 아산이주노동자센터 소장도 헌재의 결정을 강하게 비판했다. 비전문취업(E-9) 노동자는 사업장 변경이 제한된 반면, 외국국적 동포(방문취업H-2와 재외동포F-4 비자 소지자)는 직장의 이동이 자유롭다. 2021년 11월 법무부 통계 기준으로 방문취업 비자 소지자는 128,640명이고, 재외동포 비자 소지자는 477,713명으로 60만 명이 넘는 데 반해, 비전문취업 노동자는 218,025명으로 그 수가 훨씬 적다. 외국 국적 동포와 그렇지 않은 사람들을 다르게 대우하는 것은 결코 합리적이지 않으며, 출신 민족과 국가를 이유로 차별하는 것이다. 더군다나 헌법재판소의 결정문에는 자유롭게 사업장 변경을 허용하는 것이 고용허가제의 취지와 맞지 않고 자칫 외국인고용법의 근간을 흔들 수 있다고 나와 있는데, 약 22만 명의 이주노동자를 내국인이 기피하는 직종에 묶어놓아야 법의 근간을 유지할 수 있다는 인식은 "한심하기 짝이 없으며", "헌법재판소의 판결이 비인간적이고 반(反)노동적 차별 정책을 인정한 것"이라고 주장했다.

2022년 1월 국회 입법조사처에서 나온 '헌법재판소의 고용허가제 합헌 결정과 시사점'이라는 보고서를 보면, 비록 헌법재판소에서 사업장 변경 제한이 합헌이라고 판결했지만, 영세 중소기업의 상황도 고려하면서 동시에 사회 구성원인 이주노동자의 기본권도 향상시킬 방안을 모색해야 한다고 주장했다. 보고서를 작성한 양승엽 조사관은 이주노동자가 직장을 바꾸는 것이 현실적으로 가능하도록 사업장 변경 횟수를 현재 3회에서 더 늘리고 사업장 변경 사유에 "위험한 작업 환경, 높은 노동 강도, 사용자의 반복적인 부당한 업무 지시 등"도 포함하자고 제안했다.[23]

헌법재판소 결정문을 읽는 동안 많은 이주노동자의 얼굴이 스쳐 갔다. 전북 미나리밭에서 일을 한 캄보디아 남성 노동자 두 명은 한겨울에도 물이 차 있는 밭에 고무장화를 신고 들어가서 미나리를 수확했다고 말했다. 일이 너무 힘들어서 고용주에게 일을 그만두고 싶다고 말했더니 사업주는 1백만 원을 내놓고 가라고 윽박질렀다고 했다. 전남 담양 딸기밭에서 하루 12시간 넘게 딸기를 따다가 정말 이렇게 일하다가는 죽을 것 같다는 생각에 '지구인의 정류장'으로 도망친 여성 노동자도 있었다. 경남 깻잎 밭에서는 하루 10시간씩 매일 깻잎 1만 5천 장을 따야 하는데, 정해진 양을 채우지 못하면 월급에서 깎는다며 도움을 요청한 이주노동자가 있었다. 서울 서대문구 떡집에서 일하는 이주노동자는 근로계약서에는 오후 3시부터 12시까지 일한다고 나와 있는데, 새벽에 갓 만든 신선한 떡을 납품해야 한다는 이유로 오후 5~6시쯤부터 새벽 4~5시까지 하루

12시간을 일하고 한 달에 하루만 쉬었다고 했다. 그는 다른 사람들의 입에 들어가는 떡을 밤새 만들어냈지만, 정작 본인들은 일하느라 아무것도 먹지 못한 적도 많다고 하소연했다. 이들은 모두 사업장을 옮기고 싶었지만 고용주가 사업장 변경에 동의해주지 않아서 발이 묶여 있었다. 고용허가제는 그리고 우리 사회는 사실상 이들의 강제 노동으로 유지되고 있다. 그런데도 우리 헌법 정신에 부합한다 말할 수 있는 것일까?

인력이 아니라 사람이 오는 일

고용허가제는 내국인이 기피하는 한국의 사업장에 '젊은' 이주노동자가 단기로 와서 빈자리를 채우고, 그의 비자가 만료되면 다시 그 빈자리를 다른 '젊은' 이주노동자가 채우는 단기 순환 노동 이주 정책이다.

2004년 고용허가제가 시행되었을 때 이주노동자들의 체류 기간은 3년이었다. 2007년 이주노동자들의 비자 만료로 인해 현장에서 인력난을 호소하자 제도가 바뀌었다. 재고용된 이주노동자들은 본국으로 돌아가 1개월 이상 머물면 다시 한국으로 돌아와 3년 더 할 수 있었다. 기존 3년에서 재고용 기간 3년을 더해 총 6년으로 바뀐 것이다.

2009년에 다시 한번 제도가 바뀌었다. 이주노동자가 3년을 체류하고 재고용되면 본국에 다녀오지 않고도 1년 10개월을 더 머물러 총 4년 10개월 일할 수 있었다. 4년도 아니고 5년도 아닌 꼭 4년 10개월인 데는 이유가 있었다. 국적법 제5조에 따르면 5년 이상 계속해서 한국에 머물면(주소가 있으면) 영주권 신청과 귀화 자격이 주어진다. 고용허가제 비전문취업 비자로 온 이주노동자에게 영주권 취득 자격을 주지 않기 위해서 5년에서 두 달이 부족한 4년 10개월을 최대 체류 기간으로 정한 것이다.

여전히 현장에서는 노동력이 부족했고 4년 10개월 체류 기간이 충분하지 않았다. 2011년부터 '특별한국어시험 재취업 제도'가 생겼다. 본국으로 돌아간 노동자들이 특별한국어능력시험을 보고 선발되면 다시 한국에서 일할 수 있었다. 2012년도에는 한국어능력시험 자체를 보지 않아도 되는 '성실근로자 제도'가 생겼다. 두 제도를 통해 이주노동자는 4년 10개월 동안 일한 뒤, 본국에 입국해서 3개월 이상 지내다가 다시 한국에 와서 4년 10개월을 일할 수 있다. 체류 기간이 최대 9년 8개월로 늘어난 것이다. 그러나 여전히 영주권 취득 자격은 이들에게 주어지지 않았다. 5년 이상 연속해서 국내에서 체류한 것이 아니기 때문이다.

그러다 2017년에 국적법이 개정되었다. 기존에는 5년 이상 계속 한국에 거주하면 체류 자격과 관계없이 귀화 신청을 할수 있었다. 이제는 5년 이상 체류하고 "대한민국에서 영주할수 있는 체류 자격을 가지고 있을 것"이라는 단서가 하나 붙었다. 출입국관리법 시행령에 따라서 고용허가제 비전문취업 비자로 온 이주노동자는 영주권 신청 대상에서 제외되었다. 결국 영주권도 신청하지 못하기 때문에 귀화는 불가능하다. 그런데도 4년 10개월 체류 후 3개월의 재입국 제한 기간은 여전하다.

코로나19로 벌어진 중소기업과 농·어촌 현장의 극심한 인력난은 우리 사회가 '이주노동자'에게 얼마나 의존하는지 여실히 보여주었다. 코로나19가 전 세계적으로 유행하기 시작한 2020년 4월 20일, 고용노동부는 "고용허가제 외국인 근로자 취업 활동 기간을 50일 일괄 연장"한다고 밝혔다.[24] 당시 각국의 국경 폐쇄로 고용허가제 신규 인력이 입국하지 못하게 되자 사업장에서는 극심한 인력난을 호소했고, 이에 정부가 취업 활동 기간이 끝나 가는 노동자들에게 일괄적으로 50일 더 일할수 있도록 한 것이다. 2020년 고용허가제 비전문취업 비자로 5만 6천 명이 입국 예정이었지만 6,688명만 들어왔다. 50일 연장으로는 부족한 노동력을 해결하기에는 역부족이었다. 그로부터 1년 뒤에 정부는 비전문취업 비자와 방문취업 비자를 가진 이주노동자들 중에서 2021년 4월 13일부터 12월 31일 내 취업 활동이 만료되는 약 7만~11만 명에게 일괄적으로 1년 동안 비자를 연장했다.[25] 감염병 유행 상황에서도 정부의 인력난 해결책은 단기 비자 연장이었다.

고용허가제가 정한 이주노동자의 체류 기간은 최초 3년에서 6년(3년+3년)으로 연장되었고, 다시 4년 10개월로 변경된 후 재고용을 통해 총 9년 8개월(4년 10개월+4년 10개월)로 연장되었다. 기간이 계속 늘어난 것은 사실상 단기 노동 이주 정책의 실패를 의미한다. 애초에 계획한 3년으로는 한국에서 필요한 인력을 충당하지 못한 것이다. 정부는 외국인 노동자 인력난이 불거지면 언제나 단기 비자 연장으로만 대응한다. 50일, 1년, 1년 10개월…… 새 인력이 충원되기를 기다리며 제도를 땜질하기보다는 근본적인 개선이 필요하다.

그동안 정부는 이주노동자의 인력만 이용할 뿐 그들이 한국에 정주해서 살 수 있는 기회는 결코 주지 않겠다는 강한 의지를 보여 왔다. 고용허가제는 이주노동자에게 '인력'만을 요구한다. 이주노동자의 삶은 '영원히 일시적인(permanently temporary)' 상태이다. 이주노동자는 한국에 와서 일을 하지만 여기에서 정착해서 살 수 있는 기회를 얻지는 못한다. 정해진 기간이 다 되어 비자가 만료되면 본국으로 돌아가야 하며, 그 빈자리를 다른 이주노동자가 와서 채운다. 그러나 이주노동자는 단순히 '인력' 그 자체가 아니다. 정현종 시인의 시 <방문객>에 이런 구절이 있다.

사람이 온다는 건

실은 어마어마한 일이다.

그는

그의 과거와

현재와

그리고

그의 미래와 함께 오기 때문이다

한 사람의 일생이 오기 때문이다. ……[26]

　　이주노동자는 그의 손과 더불어 그의 일생이 함께 온다. 이 나라의 국민은 아니더라도 사회 구성원으로 살아간다. 자신들의 입맛에 맞는 음식을 해먹고, 축제를 열고, 마을과 사회에 어울려 우리와 함께 살아간다. 이주노동자가 온다는 것은 단순히 '인력'이 오는 것이 아니다. 사람이 오는 일이다. 이주노동자의 손과 함께 삶과 꿈도 온다.

4장

깻잎밭 여성들

왜 깻잎인가?

배추에서 깻잎으로

2020년 초여름 한창 바쁜 때에 경남에서 깻잎 농사를 짓는 김미자 씨를 만났다. 김미자 씨는 본래 서울에서 태어나 주로 도시에서 자랐는데 결혼 후 남편의 고향으로 이사를 와 농사를 짓기 시작했다고 말했다. 10년 넘게 마을의 부녀회장을 맡고 있었고 남편이 이장이었기에 마을 사정을 두루두루 잘 알았다. 그는 내게 농사일이나 농촌 사정에 관해 많은 이야기를 들려주었다.

김미자 씨 부부는 처음에 배추 농사를 지었다. 부부가 함께 일했고 농번기에는 동네 아주머니들에게 일손을 빌리는 식이었다. 한 해 두 번 봄과 겨울에 수확을 했다. 늦봄에 배추 수확이 끝나면 더운 여름에는 배추가 자랄 수 없기에 땅에 거름을 주고 땅이 쉴 수 있도록 묵혔다. 그동안 김미자 씨 부부도 쉬면서 때때로 외국 여행을 가기도 했다. 늦여름이 되면 '쌈배추'(알배기 배추) 농사를 짓기 위해 다시 부지런히 움직였다.

농업 분야는 대부분 계절의 영향을 많이 받는다. 농번기에는 인력이 많이 필요하지만 농한기에는 그렇지 않다. 봄철 농가는 분주해진다. 모종을 심고 비료를 주고 농약을 치고 작물을 수확하는 일들이 쉼 없이 이어진다. 오죽하면 '모내기 때는 고양이 손도 빌린다' '지팡이만 짚을 수 있으면 나와서 일한다'는 말이 있을까. 그러다 겨울이 오면 기온이 낮아지고 일조량도 적기 때문에 비닐하우스나 온실 같은 인공 시설이 없으면 농사를 짓기 어렵다. 시설을 갖추지 못한 농가는 농한기에 일을 아예 쉬기도 한다.

김미자 씨 부부는 나이가 60대 중후반으로 접어들면서 농사일이 점점 힘에 부쳤다. 일 해주던 아주머니들도 이제 70·80대가 되었고, 다들 온몸이 쑤셔서 더는 일을 못한다고 손사래를 쳤다. 이주노동자를 고용하려 했지만 여름에 한두 달 쉬는 농가에서 상용 노동자를 쓰기는 어려웠다. 고용허가제를 통해 이주노동자를 고용하려면 근로계약 기간 내내 임금을 주어야 하기 때문이다. 이주노동자들도 여름에 몇 달 쉬는 곳에서 일을 하고 싶어 하지 않았다. 이주노동자들은 보통 4년 10개월이라는 정해진 기간 안에 돈을 벌고 돌아가야 하기에 몇 달을 쉬면 그만큼 손해라고 생각했다. (3~5개월 이내로 외국인 노동자를 고용할 수 있는 '외국인 계절근로자 프로그램'이 있지만 농가에서는 아직 활용도가 높지 않다. 2020년에 들어서야 계절근로를 희망하는 외국인 노동자의 체류 기간이 기존 90일에서 5개월로 연장되었고, 규모도 점차 늘어나고는 있으나 고용허가제 신규 인력보다는 낮은 수준이다. 참고로 계절근로자 프로그램은 법무부가 운영하고 있으며 고용허가제는 고용노동부에서 운영한다.)

결국 김미자 씨네는 배추에서 깻잎으로 작물을 바꾸었다. '깻잎'은 여러 면에서 고용허가제를 통해 들어오는 이주노동자에게 맞춤인 작물이기 때문이다. 일단 깻잎 농사는 1년 내내 일거리가 있는 노동집약도가 높은 일이다. 이는 상대적으로 인건비가 싼 노동자가 감당할 수 있는 일이라는 뜻이기도 하다. 김미자 씨가 사는 지역에서는 보통 4월 중순에서 5월 상순에 깨를 파종해 9월 하순까지 잎을 수확하고, 또 8월 중하순에 파종해 이듬해 4월까지 잎을 수확한다. 파종 후 약 6개월간 깨 줄기에서 나오는 곁가지와 싹을 쳐내고, 가운데 원줄기가 곧고 바르게 자라도록 끊임없이 관리해야 하기 때문에 1년 내내 쉴 틈이 없다.

또한 깻잎은 단위면적당 소득이 높아 규모가 작은 농가에서도 안정적인 소득을 기대할 수 있다. 2012년 농촌진흥청 식량과학원에서는 깻잎이 단위면적당(10아르) 소득이 1천4백만 원으로 밭작물 중에서 가장 높다고 밝혔다.[27] 충남농업기술원의 '농산물 소득변동분석' 자료에서도 충남 지역의 주요 농산물 중 비닐하우스에서 키우는 깻잎(시설들깻잎)이 소득이 높은 작물로 조사되었다. 2018년에는 가장 소득이 높은 작물 1위였고 그해를 제외한 2015년부터 2019년까지는 2위였다.[28] 게다가 깻잎은 때마다 수확한 후 포장해 판매하면 돈이 바로 들어오기에 자금 회전율이 좋아 노동자들에게 매달 임금을 주기에도 좋다.

김미자 씨네 말고도 마을에는 이주노동자를 고용하기 위해서 고추, 배추 같은 작물을 재배하다가 깻잎으로 바꾼 고용주가 많았다. 이주노동자라는 '인력'이 만들어낸 농촌의 새로운 변화였다.

사과에서 깻잎으로

옆 마을의 나순희(가명, 70대) 씨도 김미자 씨와 사정이 비슷했다. 그는 오랫동안 고추 농사를 지었는데, 어느 날 갑자기 뇌

졸중으로 쓰러졌고 다행히 회복되었으나 더는 힘든 농사일을 할 수 없게 되었다. 그래서 고추 대신 깻잎으로 작물을 바꾸었고, 고용허가제를 통해 노동자를 고용하거나 알음알음으로 결혼 이주 여성과 그들의 부모, 미등록 이주노동자를 부리기 시작했다. 10년 동안 사과 농사를 지어 온 박수현(가명, 40대) 씨도 최근에 깻잎 농사로 바꾸었는데, 그 이유를 이렇게 설명했다.

"제가 사과 할 때, 10여 년 전에는 농비(農費), 인건비, 자재비를 제외하고 1년에 이익이 한 1억 정도 됐어요. 그때는 사과 출하량이 지금 수준의 절반밖에 되지 않았어요. 그런데 사람들이 산을 개간해서 사과나무를 심으니까 사과 양이 점점 많아졌어요. 저쪽 가다 보면 양쪽 산 중턱까지 깎아서 모두 다 사과나무를 심었단 말이에요. 사과 양이 많으니까 지금은 1년 이익이 3천만 원 정도밖에 안 돼요. 사과 농사를 힘들게 지어도 그만큼 돈이 안 되는 거죠. 또 이젠 여기가 사과하기에 기후 조건도 맞지 않아요, 너무 따뜻해졌어요."

10년 전 박수현 씨의 연간 소득은 약 1억 원 정도였지만 사과 공급량이 점점 증가하면서 자연스레 사과 값이 하락했고 그의 소득도 함께 떨어졌다. 날씨 예측도 어려워졌다. 어느 해에는 사과가 저온 피해를 입고 다른 해에는 고온 피해를 입었다. 온난화로 인해 전반적으로 농작물 재배 한계선이 북상하는 추세라 사과도 이제 좀 더 북쪽 지역에 심어야 좋다는 이야기가 많아졌다. 여기에 더해 사과밭이 오래돼서 재투자를 해야 하는 시기가 되자, 박수현 씨는 사과 농사를 접고 깻잎 농사로 바꾸기로 결정했다.

"사과 농사를 지을 때는 밭에서도 창고에서도 일이 많았어요. 사과밭에서는 제가 하나하나 전부 다 작업을 해야 했죠. 무거운 거 들 일도 많고요. 그런데 깻잎은 그렇지 않아요. 남자는 보통 깻잎밭에 들어가진 않거든요. 연세가 있는 부부지간에 일을 하면 남자도 같이 조금씩 깻잎을 따고 그러는데, 웬만해서는 남자가 안에서 따는 건 안 해요. 사람들이 다 따주면 나는 깻잎 포장만 해요. 가끔 비닐하우스 보수도 하고요."

박수현 씨 말대로, 부부가 깻잎밭에서 함께 일하기도 하지만 보통 남자는 깻잎을 따지 않는다. 깻잎을 따는 일은 여성이 하고 포장하는 일은 남성이 하는 것으로 어느 정도 성별 분업이 되어 있는 듯했다. 남성 농장주는 보통 1시간에서 1시간 반마다 밭으로 가 여자들이 따놓은 깻잎을 수거했고, 농막 안에 있는 작업장에서 포장 작업을 했다. 깻잎 10묶음짜리 1백 개를 차곡차곡 넣어 한 상자에 총 1천 장을 넣은 뒤 냉장고에 보관하는 일이었다. 물론 포장 작업은 깻잎을 따는 일보다 상대적으로 훨씬 쉽다. 게다가 농막에서는 에어컨이 시원하게 돌아가 여름에 더위 때문에 크게 고생하지 않아도 되었다.

나는 박수현 씨에게 요즘 들어 많은 사람들이 깻잎 농사로 전환해서 깻잎 값이 떨어질까 봐 걱정하지는 않는지 물었다. 그러자 그는 고개를 저으며 걱정하지 않는다고 답했다. 사과밭은 산을 계속 개간하는 통에 생산량이 계속 늘어났지만, 비닐하우스는 평지가 아니면 만들기 어려워서 깻잎 공급이 크게 증가하지는 않을 것 같다는 이유였다. 그해 첫 수확을 앞둔 그에게 나는 깻잎 농사로 어느 정도 이익을 예상하는지 물었다. 그는 예상되는 한 해 매출, 인건비, 이익에 관해 솔직하게 알려주었다.

"여기 저희 사촌 형님이 깻잎 농사를 짓고 있어서 평균적인 매출을 물어봤어요. (200평 기준) 비닐하우스 한 동에 보통 3천만 원 정도 매출이 난다고 보면 된다고 하더라고요. 제가 하우스 여섯 동을 갖고 있으니까 이 정도면 1억 8천만 원 정도 매출이 나겠죠. 여기서 농비, 인건비, 시설 투자비 빼고 나면 절반 정도 이익이 날 거예요. 그런데 농약 값 이런 건 별로 안 들거든요. 인건비가 많이 들어가요. 하우스 세 동 정도는 (세 명의) 인건비로 나가고, 제 인건비는 나머지 세 동 정도 가져간다고 보면 돼요. 작년(2019년) 같은 경우는 깻잎이 대박 터졌거든요. 이 정도 규모에서 대박 터졌으면 이익이 한 2억 나왔을 거예요. 깻잎 한 상자에 보통 1만 7천~1만 8천 원에 팔렸는데, 작년에는 한 상자에 3만 원 넘게 팔렸대요."

이 계산은 어떻게 나올까? 비닐하우스 여섯 동에 이주노동자 세 명을 고용할 경우 하루 평균 깻잎 40상자가 만들어진다

(고용주는 노동자 한 사람이 하루 15상자, 곧 1만 5천 장의 깻잎을 따주길 바라지만 깻잎 상태가 좋지 못해 15상자를 다 채우지 못하는 날도 많다). 한 상자당 평년 기준 1만 7천 원 정도 받으면 하루 매출은 68만 원이다. 한 달에 보통 이틀만 쉬기 때문에 월평균 28일의 매출을 계산해보면 약 1천9백만 원이다. 이 중 절반을 농비, 인건비 등으로 제하면 한 달 이익은 약 950만 원, 연소득이 약 1억 원이 넘는다(작물재배업 농가는 10억 원까지 소득세가 면제다). 만일 2019년처럼 깻잎 재배가 '대박'이 나 상자당 3만 원 넘게 받게 된다면 연소득은 2억 원 정도 나온다.

내가 인터뷰한 70대 부부는 이주노동자 세 명을 고용하고 있었는데, 한 해 이익이 약 1억 원 정도라고 했다. 이주노동자 두 명을 고용한 60대 부부는 한 해 이익이 약 8천만 원 정도라고 했다. 대부분의 농가가 소득세 면제를 받기에 통계로 추정하기가 어렵지만 내가 만난 사업주들의 말을 종합해보면 위의 계산이 어느 정도 맞을 것이다.

깻잎은 시간 싸움

내가 깻잎밭에 처음 일하러 들어간 때는 2020년 6월 초였다. 김미자 씨가 고용한 두 캄보디아 여성 노동자 쿤티에(가명,

30대) 씨, 아룬니(가명, 20대) 씨와 함께였다. 구름이 잔뜩 껴서 햇볕이 강하지 않은 데다 바람도 불지 않아서 깻잎을 따기에 나쁘지 않은 날씨였다. 나는 여느 깻잎밭 여성 노동자들처럼 햇볕을 피하기 위해 긴소매와 긴바지를 입었다. 손에는 장갑을 끼고 머리에는 챙이 넓은 모자를 쓴 뒤 모자 위에 수건을 한 장 둘렀다.

김미자 씨는 내게 일할 때 쓰라고 '엉덩이 의자'를 건네주었다. '엉덩이 의자'는 높이 20~30센티미터에 둥근 원통형 모양의 의자로, 방석처럼 깔고 앉을 수 있어 '작업 방석'으로도 불린다. 깔고 앉는 부분이 약간 푹신했고, 테두리에는 고무 밴드가 달려 있어 바지를 입듯이 양 다리 사이에 고무 밴드를 끼면 의자가 엉덩이에 착 달라붙었다. 밭농사는 기계화율이 낮아 어느 농장주는 이 의자를 두고 밭농사 '최고의 발명품'이라 칭하기도 했다. (2019년 기준 밭작물의 기계화율은 파종·정식 작업이 12.2퍼센트, 수확 작업은 31.6퍼센트에 불과하다.[29])

김미자 씨는 '엉덩이 의자' 말고도 최고의 발명품이 하나 더 있다고 말했다. 바로 '바퀴 달린 대형 파라솔'이었다.

"농사짓기 전에는 비가 오면 당연히 일을 안 하는 줄 알았어. 그런데 시집와서 농사짓는데 비가 오니까 시어머니가 우의를 주면서 입고 나가서 일하라는 거야. 내가 그 소리를 듣고 엉엉 울었어. 도시에서는 상상도 못 할 일이지. 비를 맞아 가면서 어떻게 일을 해. …… 예전에는 이게 바퀴도 없이 파라솔만 있었어. 그럼 일하는 할머니들은 이게 무거워서 옮기지도 못해. 근데 이제는 바퀴가 달렸으니까 깻잎을 따다가 자리를 옮기면 바퀴만 살짝 끌면 되잖아. 이게 비도 피하고 햇볕도 피하고 얼마나 좋은지 몰라."

김미자 씨의 말대로 대형 파라솔은 나름 자유롭게 움직이며 제법 그럴듯한 그늘을 만들어주었다. '엉덩이 의자'가 없었더라면 일하면서 계속 의자까지 옮겨야 하는 고생이 늘었을 것이다. 그럴더라도 밭농사 '최고의' 발명품이 겨우 '엉덩이 의자'와 '바퀴 달린 파라솔'이라니. 하루 10시간 가까이 밭에서 일하는 여성 노동자들의 수고로운 손길을 생각하니 씁쓸한 마음이 드는 건 어쩔 수 없었다.

김미자 씨네 깻잎밭에는 검은색 비닐로 멀칭이 된 이랑이 모두 다섯 줄이었다. 한 이랑마다 가로줄에 깨 14개가 나란히 심어져 있었고, 그 가로줄에 맞춰 뒤로 쭉 촘촘하게 깨가 있었다. 나는 김미자 씨와 한 이랑을 사이에 두고 마주보고 앉았다. 깨줄기 14개 중 왼편 7개가 내 몫이고 오른편 7개는 그의 몫이었다. 김미자 씨는 내게 일하는 방법을 직접 보여주었다.

"이렇게 두 손을 깻잎 아래로 넣어. 잎이 두 장씩 서로 마주보고 달려 있잖아. 일단 왼손으로 깨줄기를 잡고 오른손으로

잎 한 장을 따. 그러고 나서 왼손이 다른 잎 한 장 따는 거야. …… 잎을 따면서 동시에 여기 옆에 난 싹을 다 쳐줘야 해. 근데 잘못하다가는 깻줄기를 부러트릴 수 있으니까 조심해야 해. 어떤 집에서는 얘네들이 줄기 하나 부러트려 먹을 때마다 만 원씩 벌금을 매기기도 한대. 줄기를 망치면 거기서는 깨가 더 이상 안 나오니까."

김미자 씨는 깻잎을 따면서 종종 휴대폰으로 깨 사진을 찍기도 했다.

"이거 사진 찍어서 남편 보내줘야겠어. 일을 하다가 이상한 게 보이면 바로 사진을 찍어서 뭔지 봐야 해. 해충이면 퍼지기 전에 농약을 쳐서 다 잡아야 하거든. 안 그러면 한 해 농사 망치는 거니까."

단순히 빠른 시간 내에 깻잎을 따서 포장하는 일인 줄만 알았는데, 신경 써야 할 일이 굉장히 많았다. 수확 초기에는 잎을 따면서 곧게 뻗은 가운데 줄기 하나만 남두고 옆에 자라는 줄기와 싹은 계속 쳐내 상품성 있는 잎이 자라도록 만드는 것이 중요했다. 이때 딴 잎은 버려지는 것이 아니라 '벌크'라고 해서 큰 봉지에 4킬로그램씩 달아서 팔았는데, 아룬니 씨와 쿤티에 씨 두 명이서 하루에 보통 25봉지를 만들어냈다.

오후 3시쯤 밭에 냉장탑차가 왔다. 한 봉지당 2천 원으로 계산해서 5만 원의 현금을 주고 벌크 깻잎을 실어 갔다. 김미자 씨가 돈을 쫙 펴보며 말했다.

"이것 봐라. 5만 원. 이렇게 했는데 5만 원. 이게 농업의 현실이다. 당분간은 일을 해서 얘네 인건비도 못 맞춰. 지금은 깻잎 밭에 일을 만들어주느라고 그런 거지. 우리가 손해를 보면서도 얘네 인건비를 메워주는 거야. 그런데 얘들은 그걸 모를 거야. 깻잎이 비싸게만 팔리는 줄 알걸."

수확 초기에 따는 깻잎(벌크 깻잎)은 작고 맛이 떨어져 가치가 낮지만, 점차 잎이 커지며 상품성이 올라가면 가격도 올라간다. 물론 깻잎 가격이 낮다고 해서 일이 쉽거나 한가한 것은 결코 아니었다. 깻잎 가격과 무관하게 밭에서는 정신없이 일이 돌아갔다.

김미자 씨는 밭에서도 포장 작업을 하는 농막에서도 늘 이 말을 강조했다.

"(깻잎 농사는) 처음부터 끝까지 사람 손으로 하는 작업이야. 그래서 깻잎은 시간 싸움이지."

7월의 어느 무더운 여름날이었다. 나, 쿤티에 씨, 아룬니 씨가 오전 6시 반부터 깻잎을 따고 있었다. 잠깐 김미자 씨가 건네준 간식을 먹고 일을 시작하려는데, 갑자기 옆에 있던 쿤티에 씨가 내게 캄보디아어로 외쳤다.

"언니, 보지 마세요."

순간 무엇을 보지 말라는 것인지 나도 모르게 쿤티에 씨가 있는 쪽으로 고개를 돌렸다. 아룬니 씨는 그런 나를 보고 웃었다. 나만 어리둥절했다. 쿤티에 씨는 포대 자루를 하나 들고 저 멀리 가면서 다시 한번 외쳤다.

"언니, 보지 마세요!"

그때까지도 나는 쿤티에 씨가 왜 보지 말라고 했는지 이해하지 못했다. 쿤티에 씨가 밭 한가운데서 포대 자루로 앞을 가리고 쭈그려 앉았다. 나는 그제서야 그 말을 이해하고 고개를 반대편으로 돌렸다.

노동자들은 시간 싸움에 지지 않기 위해 실제로 화장실에 갈 시간도 없었다. 밭에 설치된 간이 재래식 화장실은 더러운 데다 가까이 있지도 않아서 빨리 갔다 오려고 해도 최소 10분이 걸렸다. 그 시간이면 최소 깻잎 25개 묶음을 만들 수 있었다.

쿤티에 씨와 아룬니 씨만 그런 환경에 처한 것은 아니었다. 내가 만난 이주노동자 중에는 소변을 참아서 방광염에 걸린 이들도 있었다. 화장실에 덜 가기 위해서 물을 잘 먹지 않는다고 말하는 노동자도 많았다. 어떤 고용주는 노동자들이 화장실에 자주 가는 것을 대놓고 싫어했고, 화장실에 간다는 핑계로 일을 하지 않는다고 잔소리를 하거나 심지어 화를 내는 고용주도 있었다. 화장실 가는 시간도 아껴야 하는 것이 농업 노동자들의 현실이었다.

이주노동자가 온 후
달라진 풍경

"얘네들 오고 나서 물 만난 고기지"

"외국인이 들어온 건 7~8년 전부터일 거야. 자꾸 고령화되면서 오히려 나이 먹은 사람들의 일자리가 없어졌어. 사람들이 외국인을 고용하려고 하지, 나이 먹은 할머니들은 이제 안 쓰려고 해. …… 할머니들한테 일을 시키면 잘해야 하루 7~8박스를 따. 연세는 들었지, 더 빨리 할 수가 없어. 자세히는 모르는데 여기 시청 앞에서 시위인가, 항의를 했대. 할머니들이 거기에서 며칠을 했는지 모르겠어."

김미자 씨는 젊은 이주노동자가 오면서 70·80대 한국 할머니들이 일자리를 잃었다고 했다. 몇몇 할머니들이 시청으로 가 외국인들 오지 말게 해 달라는 일종의 항의 시위도 했다지만, 언론 자료를 찾을 수 없을 정도로 그들의 목소리는 주목받지 못한 듯했다.

"그동안은 사람을 구하기 어려웠는데 외국인 들어오니까 좋지. 처음에 얘네들 고용했던 사람들은 돈 좀 벌었어. …… 저쪽 집은 깻잎은 자라는데 사람이 없는 거야. 깻잎이 발에 채일 정도였지. 그러다가 얘네들 오고 나서 물 만난 고기지 뭐."

김미자 씨가 말한 저쪽 집은 한 동네 사는 이선자(가명, 60대) 씨네였다. 이선자 씨네 깻잎밭은 악명이 높았다고 했다. 밭 관리가 잘 되어 있지 않아 깻잎을 따기도 힘든 데다 일당도 낮고 점심시간도 40분만 주다 보니 사람들이 일을 하기 꺼려 했다. 동네에 그 사정을 알 만한 사람들이 일을 다 피하자 이선자 씨는 하는 수 없이 먼 곳에 사는 할머니들을 데려왔지만 무성하게 자란 깻잎을 딸 사람은 늘 부족했다.

그러다가 이주노동자가 들어오기 시작했고, 이선자 씨 부부는 할머니들 대신 이들을 고용했다. 부족한 일손이 채워지자 하루 수확하는 깻잎 양이 늘어 갔고 수입이 괜찮아졌다. 덕분에 땅도 사고 시내에 아파트도 구입하고 차도 더 크고 좋은 것으로 바꿨다. 동네 사람들은 이선자 씨네를 가리켜 "가시나들이 돈벌어줬다니까" 하고 말하곤 했다.

쓰기 '편한' 노동자

"얘네들 오고 나서 정말 편해졌어. 할 일이 정말 줄어들었다니까. 할머니들 출퇴근 안 시켜드려도 되지, 점심 안 차려도 되지. 여자들은 정말 스트레스를 많이 받았어. 매일 사람들 점심 차려줘야 하니까. 근데 이제는 안 해도 돼. 정말로 얘네들 때문에 너무 편해졌다니까."

김미자 씨는 이주노동자를 고용하면서 편해진 일들을 말해주었다. 보통 농촌은 대중교통이 잘 발달되어 있지 않기에 고용주들은 새벽 5시 반부터 마을로 시내로 돌면서 그날 밭에서 일하기로 한 아주머니와 할머니를 차에 태워 데려왔다. 또 오후 5시가 넘어 일이 끝나면 출근 때와 마찬가지로 사람들을 각자 집으로 데려다주었다. 노동자들의 출퇴근 관리가 고용주의 주된 일이었던 것이다. 그런데 이주노동자들은 보통 밭 바로 옆 비닐하우스나 근처 주택에 살기 때문에 따로 출퇴근 시켜줄 필요가 없었다. 또한 매일 밥을 차려주어야 할 부담도 없었다.

"우리 집에서 일하던 할머니들이 그래. '다 필요 없어, 된장찌개만 줘.' 그런데 말은 그렇게 해도 안 돼. 어떤 분은 이가 안 좋아서 그분에 맞춰서 두부 같은 부드러운 반찬을 해드려야 하고. 그렇다고 매일 똑같은 반찬만 내올 수 없잖아. 겨울에는 추우니까 속이라도 뜨뜻하시라고 아침에 누룽지를 끓여드리기도 하고. …… 일을 하다가 11시쯤 되면 나는 나와서 점심을 차려. 12시 되면 딱 식사하실 수 있게. 그런데 어떤 분은 자기가 일하던 이랑을 다 끝내고 먹겠다고 한 30분 늦게 와. 그럼 밥하고 국이 그사이에 다 식는 거야. 그럼 난 또 그걸 데워야 하잖아. 그냥 놔두고 오시라고 말해도 할머니들이 기어이 그걸 다 끝내고 오셔. 식사 다 하면 설거지해야 하지. 어휴. 밥 차리는 것도 정말 일이었어. 지금 하라고 하면 못할 것 같아."

이주노동자들은 자신의 기숙사에서 점심을 각자 챙겨 먹었다. 아침이나 오후에 중참을 챙겨줄 때는 두유나 과자를 사다 주면 되었기에 이전보다 훨씬 수월했다. 이외에도 편한 점은 더 있었다. 이 지역 깻잎생산자연합회의 주요 직책을 맡고 있던 이호석 씨는 이렇게 말했다.

"(한국 아주머니한테는) 추석 명절은 말할 필요도 없고, 내년에 재계약하려면 보너스 줘야 하지, 이러니까 국내 일꾼 쓰는 데 지쳤어, 스트레스 때문에. 나 같은 경우는 사람 한두 명 쓰는 것도 아니고, 가을에는 20~30명씩 쓰는데 스트레스라니까. 그런데 이제 신경 안 써도 되잖아. 출퇴근 안 시키지. 반찬 투정 안 하지……. 외국인 쓰니까 진짜 날아갈 것 같은 기분이야. 깻잎은 전부 하나부터 열까지 손으로 해야 하고 기계도 없잖아. 깻잎은 사람 손으로 해야 하는데 외국 애들이 들어와서 너무 편해."

박숙자(가명, 60대) 씨도 남편 이호석 씨 말에 맞장구를 치며 말했다.

"얘들은 무조건 복종이니까, 시키면 하잖아. 그런데 국내 아줌마들은 시킨다고 하지도 않아. 시켜서 100퍼센트 다 하면 뭔 걱정이겠어. 어휴, 국내 아줌마들은 상전이야, 상전. 제일 문제가 뭐냐 하면 아줌마들은 일 시키면 땅이 질퍽거린다, 풀이 많다, 발이 빠진다, 그래서 밭에 못 들어간다, 뭐 온갖 말을 다 하니까 우리가 스트레스를 받지. 얘들(이주노동자)은 땅이 질퍽거리면 장화신고 들어가거든. '일 안해요.' 하는 건 없고, 그냥 무조건 힘이 들든지 어쨌든 간에 군말 없이 하니까. 그건 우리가 좋아. 뭐, 우리 뒤에서 자기네들끼리 떠들어대는 건 우리가 알아들을 수가 있나."

박숙자 씨는 또 이주노동자들이 휴일에도 계속 일할 수 있어서 좋다고도 말했다.

"명절 때 얘네들은 하루만 딱 쉬고 와. 한국 사람들은 자식들이 와서 며칠 못 온다고 하잖아. 깨가 커 가니까 당장 따야 하는데 며칠 뒤에 오면 늦지."

출퇴근, 점심, 상여금, 휴일, 심지어는 일할 때 겪는 고충까지, 고용주들은 노동자들의 환경에 더는 신경 쓰지 않게 되어 좋다고 말했다. 할 말은 하는 한국 아주머니들에 비해 의사소통이 원활하지 않아 답답하긴 하지만 무조건 복종하는 이주노동자들은 편해도 너무 편한 존재였다.

강요당하는 '스마일'

　이주노동자는 감정노동까지 감당해야 했다. 이주노동자를 열 명 넘게 고용한 손영주(가명, 50대) 씨는 내게 이주노동자를 교육시키는 자신의 방법을 이야기했다.

　"어떤 애들은 처음에 왔는데 꼬락서니가 딱 맘에 안 드는 거예요. 제가 일부러 이틀이나 사흘 동안 일을 안 시켰어요. 그러면 옆에 있는 애가 '사모님, 왜 쟤 일을 안 시켜요?' 물어봐요. 그래서 말했죠. '사모님이 쟤 보니까 우리 농장을 좋게 생각 안하는 것 같아. 인사하는 것도 고개만 까딱하고, 사모님은 그런거 안 좋아해. 안녕하세요. 이렇게 말하고 스마일해야(웃어야) 사모님이 좋아하지. 인사를 안 하는데 어떻게 일을 시켜?' 그랬더니 다음 날부터 걔가 '안녕하세요.' 하고 인사해요. 만약 안웃잖아요? 그럼 내가 '(두 손을 입술 양 끝에 갖다 대며) 너 사모님 보면 스마일해라. 너 얼굴 찌푸리면 사모님 기분이 안 좋아.' 그렇게 서로의 마음을 헤아리거든요. 내가 기분이 나쁘면 나쁘다고 딱 얘기해요."

　손영주 씨는 밝게 웃으며 하는 인사가 서로의 마음을 헤아리는 것이라고 말했지만, 이는 크나큰 착각이다. '사모님'은 이주노동자에게 기분이 나쁘면 나쁘다고 이야기할 수 있지만 그들은 자기 기분이 나쁘더라도 표현할 수 없었다. 심지어 무표정도 교정의 대상이 되었고, 웃으라는 강요를 받았다. 이게 어떻게 서로의 마음을 헤아리는 것일까?

하루 10시간 고된 육체노동에 더해 '스마일'하는 감정노동도 잊지 말아야 하는 것이 이주노동자의 처지였다.

5장

합법적 노예 상태와
불법적 자유

'불법적 자유'의
역설

이주노동자가 '도망'가는 이유

란 페이치아(藍佩嘉) 국립대만대학 사회학과 교수는 대만의 단기 이주 노동 정책을 분석하면서, 이주노동자가 노동력만 제공하고 장기적으로 거주하지 못하도록 하는 법과 제도가 이들을 보호하기보다는 오히려 '노예와 같은 상태'로 만든다고 지적했다.[30] 그는 이런 현상을 '합법적 노예 상태와 자유로운 불법성'이라고 명명했다.

그의 주장에 따르면, 이주 노동 정책의 각종 규제가 이주노동자를 법과 제도에 얽매이게 만들고, 불법의 영역을 형성하도록 유인하는 장치가 된다. 이주노동자는 노동 시장에서 자유롭게 직업을 선택할 권리를 빼앗겨 종속적인 계약 관계에 묶이게 되고, 고용주로부터 불합리한 대우를 당하더라도 참아야 한다. 정부의 규제 장치로 인해 고용주와 노동자의 불평등한 관계가 형성되는 것이다.

이런 상황 속에서 노동자가 계약 기간을 넘겨 초과 체류('불법 체류')를 선택할 경우 추방의 위험은 있지만 노동 시장에서 일종의 '자유'를 누릴 수 있게 된다. 계약에 묶인 상태에서 벗어나면 더 나은 노동 조건과 주거 환경을 고용주와 협상할 수 있는 가능성이 생기기 때문이다. 이런 협상 가능성은 '합법 체류' 노동자에게는 주어지지 않는 것이다.

란 페이치아 교수의 분석은 이주노동자가 '도망'가는 이유를 개인이 아닌 사회제도적 측면에서 바라보게 한다. 특히 대만과 비슷한 단기 이주 노동 정책을 실시하고 있는 한국 사회에서 그의 분석은 시사하는 바가 크다. 한국의 합법 체류 자격의 이주노동자는 임금 협상의 여지가 거의 없다. 사업주가 제시한 노동 조건에 동의하지 않아도 되지만 그러면 고용되지 못한다.

반면 체류 기간이 지난 미등록 이주노동자는 자신이 '합법적' 체류 기간(보통 4년 10개월)에 쌓은 전문성과 사업장을 이동할 수 있는 약간의 자유를(그들은 정식 계약을 맺은 상태가 아니라서 상대적으로 쉽게 그만둘 수 있었다) 토대로 삼아 일손이 부족한 사업주와 노동 조건과 주거 조건을 협상할 수 있다. 란 페이치아 교수의 말대로, '합법적'으로 체류하는 노동자는 온갖 제도와 법이 구속하는 노예 상태에 놓이지만 '불법적'으로 체류하는 노동자는 이런 구속에서 벗어나서 협상력을 갖는 역설적 상황이 발생하는 것이다. 특히 코로나19로 일손 부족이 심해지자 이런 모순은 한국 사회 곳곳에서 더 극명하게 드러났다.

'불법'이면 조건이 더 좋다고?

경기도 이천에 상추 농사를 짓는 홍선주(가명, 40대) 씨는 2020년 2월 고용 센터에 미얀마 노동자 여섯 명을 신청했지만 코로나19 유행으로 인해 이들의 입국이 계속 미루어져 1년이 넘도록 소식을 듣지 못했다. 엎친 데 덮친 격으로 2021년 2월 미얀마의 규부 쿠데타가 발생해 미얀마 내 정치 상황이 어지럽게 돌아가자, 홍선주 씨는 예비 노동자들을 기다리는 것을 포기하고 미등록 노동자들을 고용했다. 그들은 고용허가제로 한국에 입국해 4년 10개월을 보낸 후 본국으로 돌아가지 않고 초과 체류하고 있는 상태였다.

그러나 미등록 노동자들은 홍선주 씨네 농장에서 오래 일하려 하지 않았다. 대체로 농장 일이 너무 힘들고 월급도 적어 공장으로 간다고 했다. 당장 일손이 필요한 홍선주 씨는 이들을 붙잡기 위해 더 높은 월급을 제시해 협상하기도 했다. 그렇게 해서 남는 노동자도 있었고 떠나는 노동자도 있었다. 그러다 마지막까지 남은 노동자들마저 몸이 아프다고 그만두고 떠났다.

8월 중순, 가을 상추를 위해 비닐하우스 멀칭 작업을 앞두고 있던 때라 홍선주 씨는 애가 탔다.

"봄 상추하고 가을 상추가 달라요. 봄 상추는 날씨가 쭉 좋아지니까 조금 늦게 심어도 상관없어요. 그런데 가을에는 아침저녁으로 추워지기 때문에 하루 늦게 심으면 하루 늦게 수확하는 것이 아니라 열흘 뒤에나 수확할 수 있어요. 그렇게 차이가 나요. 딸기도 그래요. 8월 말에 심으면 11월에 딸기가 나오는데, 9월 초에 심으면 11월 말에 딸기가 나와요. 작물이 그래요. 가을 상추를 제때 심지 못해서 상추 안이 배추처럼 속이 안 차면 못 팔잖아요. 그래서 우리가 속이 타는 거예요."

그는 인력사무소(직업소개소)에 전화를 했지만 인력난으로 모든 예약이 꽉 찼다는 이야기를 들었다. 멀칭 작업이 열흘 정도 늦어졌다. 그로 인해 미리 사다 놓은 상추 모판이 망가져 어마어마한 양을 버려야 했다. 뒤늦게 한국인 아주머니 열 명을 어렵게 모셔와 상추를 심기는 했지만 이래저래 미루어진 작업 때문에 손해 본 게 많았다. 그런데 이게 끝이 아니었다. 이제 상추를 관리할 노동자들을 구해야 했다.

"사람을 구하려고 외국인 식당도 갔다 왔어요. 거기 가면 사람을 구할 수 있다고 하더라고요. 그런데 코로나 때문에 사람이 없대요. 또 다들 공장에서 일한대요. 공장에서 일하는 애들은 월급이 너무 세서 데려올 수가 없어요. 농장에서 일하는 어떤 애가 우리 집에 오고 싶어 하긴 했는데, 웬걸 우리가 아는 집에서 일하는 애인 거예요. 아는 사람들끼리 어떻게 사람을 빼 와요. 여러 농장을 돌아다니면서 캄보디아 친구들한테 부탁을 했어요. 월급 2백만 원에 기숙사비도 없다고 하니까 세 명이 오겠다고 했어요. 좋은 조건이니까 구해지긴 하더라고요. 열흘만 먼저 구했으면 모판 손해 보는 일은 없었을 텐데 너무 속상해요. ……

불법이라서 월급을 더 조금 준다? 요즘은 그런 거 안 통해요. 코로나 때문에 (사람 구하기 힘들어져서) 기숙사비 안 받고 월급 160만 원을 줬어요. 그런데 이제 여자는 기본이 180만 원이고 남자는 200만 원이에요. 우리는 기숙사비도 전혀 안 받고 오히려 쌀도 사줘요, 좋은 쌀로. 그런데 지금 사람이 없어서 알아보니까 다른 농가는 우리보다 더 준다는 거예요. 여자는 200만 원, 남자 230만 원에서 최고 250만 원까지 준대요. 부부가 오면 합해서 450만 원에 맞춰준다고 하더라고요."

'불법' 체류는 노동자에게 노동 조건의 협상력만 높이는 것이 아니었다. 가족과 함께 살 수 있는 인간의 기본 권리도 '합법'보다는 '불법'이 쉽게 얻을 수 있었다. 김미자 씨가 고용한 쿤티에 씨가 그랬다. 그는 김미자 씨 깻잎밭에서 1년 넘게 일했지만 남편 직장에 일자리가 나자 함께 살기 위해 일을 그만두기로 결정했다.

1990년생인 쿤티에 씨는 2015년 고용허가제로 들어와 경기도의 한 비닐하우스에서 일을 시작했다. 이후 사업장을 바꿔 깻잎 농장으로 오게 되었고, 그곳에서 한 시간 정도 떨어진 대도시 공장에서 일하는 캄보디아 남성을 만났다. 둘은 농한기 일이 없는 때에 고향으로 가서 결혼식을 올리고 다시 한국으로 와 일을 계속했다. 그러다 2019년 한국에서 아이를 출산했다.

"내가 산후조리원에서 2주 있었어요. 80만원을 냈어요, 80만원. 아이를 한국에서 키우고 싶었어요. 그런데 내가 일해요. 누가 아이를 돌봐줘요? 태어난 지 한 달 된 아이를 데리고 남편이랑 같이 다시 캄보디아 갔어요. 캄보디아 고향에서 한 달 반 있다가 다시 한국 왔어요. 지금 아이는 캄보디아에서 엄마가 돌봐줘요."

2020년 3월 쿤티에 씨는 고용허가제가 보장한 4년 10개월의 체류 기간이 끝나가자 출국을 위해 비행기 표를 샀다. 남편과 논의 끝에 그는 다시 한국어시험을 보고 한국에 오기로 했다.

그런데 코로나19가 발생해 전 세계적으로 확산되기 시작했다. 쿤티에 씨가 결혼식과 양육을 위해 넘었던 국경은 코로나로 인해 잠정 폐쇄되었다. 쿤티에 씨의 캄보디아로 가는 비행기 편도 취소되었다. 캄보디아로 돌아간 뒤에 재취업 제도를 통해 한국에 돌아오려 했지만 그 시험 일정마저 취소되었다. 언제 다시 한국에 올 수 있을지 모든 것이 불확실해졌다. 불확실성이 극대화된 상황에서 그에게 가장 확실한 방법은 한국에서 초과 체류 상태로 3~4년 정도 일을 한 뒤 캄보디아로 돌아가는 것이었다. 결국 쿤티에 씨는 한국에 남기로 결정했다.

쿤티에 씨는 남편 공장에서 일하며 함께 살고 싶었지만 자리가 없었다. 일단 친구를 통해 농장 일을 구했다. 쿤티에 씨는 깻잎 밭에서 쌓은 전문성을 가지고 사업주인 김미자 씨와 협상을 하여 합법 체류의 이주노동자와 같은 월급을 받고 일을 시작했다. 단속되어 추방될지 모른다는 공포감이 있지만 고립된 농촌 사회에서는 외출을 특히 하지 않으면 괜찮을 것이라고 불안감을 떨치려 애썼다. 퇴근 후에는 집에서 SNS로 영상 통화를 하며 친정어머니가 아이를 밥 먹이고 씻기는 모습을 봤다. 쿤티에 씨는 이따금씩 화면 속 아이에게 '엄마'라는 말을 가르쳐보곤 했다. 그렇게 1년이 지나 공장에 자리가 났다는 소식을 들었고 김미자 씨에게 그만두겠다고 말했다.

김미자 씨는 쿤티에 씨가 그만두겠다는 말이 청천벽력과 같았다고 말했다.

"큰 애(쿤티에 씨)가 그러는 거야. '사모님과 사장님을 사랑하지만 나는 남편하고 같이 일하고 싶어요.' 이렇게 말하는데 어떻게 못 가게 해. 그리고 가지 못하게 해서 될 일도 아니고. 자기도 남편이랑 같이 살면서 일하고 싶겠지. 젊은 부부가 왜 안 그러겠어. 근데 깻잎은 계속 자라니까 따줘야 하고, 사람은 구하기 정말 어려운데 앞이 캄캄하더라고. 그래서 큰 애한테 그랬지. 그럼 친구 좀 구해놓고 가 달라고."

쿤티에 씨와 남편은 둘 다 고용허가제로 들어왔지만, 그는 농촌의 밭에서 일하고 남편은 도시 공장에서 일했기에 같이 살지 못했다. 고용허가제는 기본적으로 노동자의 업종 간 이동을 금지하는데, 노동자의 질병으로 인해 기존 업종에서 계속 일하기 어려운 불가피한 경우에도 '농·축산업'으로 변경하는 것만 허용한다. 쿤티에 씨는 초과 체류자가 되고 나서야 남편이 일하는 공장으로 옮길 수 있었다. '합법'적으로 일할 때는 가족과 같이 살지 못했지만 '불법'적으로 일하게 되자 남편과 같이 살 수 있게 된 것이다.

유엔의 세계인권선언(Universal Declaration of Human Rights, 1948)을 비롯한 국제 인권 규범은 가족이 함께 살면서 사회의 기본 단위로서 존경과 보호, 지원과 지지를 받을 권리인 '가족결합권(right to family unity)'을 보장한다.[31] 가족결합권은 "자국의 영토 내에 있으며, 그 관할권 하에 있는 모든 개인에 대하여 적용되는 것으로서, 국적과 상관없이 외국인에게 마찬가지로 적용"되는 것이다.[32] 따라서 국제 인권 규범을 존중하는 우리 사회는 이주노동자에게도 가족결합권을 보장해야 하지만 제한적이다. 대학, 대사관, 공공 기관 등에 종사하는 전문직 이주노동자는 가족과 함께 살 권리를 인정받지만 제조업, 농·축산·어업 등에 종사하는 비전문직 이주노동자는 인정받지 못한다. 단기 순환 노동 정책인 고용허가제는 이주노동자가 일정 기간 노동력을 제공하고 본국으로 돌아가기를 기대하기 때문이다. 대부분의 나라가 그렇다. 이주노동자를 '노동력'으로만 보는 것이 아니라 인도주의적 차원에서 가족결합권을 당연히 누구나 누릴 수 있도록 해야 한다.

농장에서 공장으로

홍서주 씨네 농장에서 일하던 쏘콤(가명, 20대) 씨는 내게 왜 자신이 농장을 '도망'쳤는지 솔직하게 말해주었다.

"농장에서 일하는 거 정말 힘들어요. 한 달에 두 번 쉬고 하루에 9~10시간씩 일해야 해요. 여름에는 비닐하우스 안이 너무 더워요. 겨울에는 너무 추워요. 그래서 힘들어요. 월급도 180만 원이에요. 그런데 제 친구가 공장에서 일해요. 거기서 일하면 한 달에 네 번 쉬고 월급을 250만 원 준다고 했어요. 거기로 가려고 농장 일을 그만뒀어요. 만약 사장님한테 미리 말하면 공장에 못 가게 할까 봐 몰래 나왔어요."

농업 노동자는 근로기준법 제63조에 의해 근로 시간과 휴식에 관한 규정들(근로기준법 제4장과 제5장)의 적용을 받지 않는다. '예외근로자'로 분류되어 장시간 노동에도 제대로 된 보호를 받지 못하는 것이다. 고용주는 법적으로 한 달 내내 쉬지 않고 하루 24시간 노동자에게 일을 시켜도 되고 이때 연장 근로 수당, 야간 근로 수당, 휴일 수당을 주지 않아도 된다. 제63조는 1953년에 근로기준법이 처음 제정되었을 당시 규정되었고, 70년 넘게 변함없이 유지되었으니 현실에 맞게 개정될 필요가 있다고 인권단체에서는 주장한다. 이 제도로 인해 똑같이 오래 일해도 농장보다 공장에서 일하면 돈을 더 받으니, '공장' 선호도가 더 클 수밖에 없다. 게다가 공장은 보통 농촌이 아닌 도시에 있기에 생활하기에도 편했다.

쿤티에 씨가 공장으로 떠난 뒤 김미자 씨네 깻잎밭에는 또 다른 미등록 노동자 나리(가명, 20대) 씨가 왔지만, 그 역시 일을 시작한 지 4개월 만에 공장으로 가겠다고 말했다.

"사모님, 나 내일 공장에 가요. 오늘 일 그만둬요."

김미자 씨는 하는 수 없다고 말했지만 얼굴에는 서운한 표정이 역력했다. 김미자 씨는 그날 저녁 노동자들과 다 같이 먹을 식사 자리를 준비하려고 하는데, 내게 그 자리에서 자기 말을 통역해 달라고 부탁했다.

"얘네가 장어구이를 먹을 줄 아나 모르겠어. 장어를 좋아할까? 같이 저녁 먹으면서 설득해보고 싶어. 월급을 올려주고 기숙사비도 안 받겠다고 하려고. 설득이 됐으면 좋겠는데, 안 되면 오늘 저녁이 환송회가 되겠지. 어휴. 요즘 코로나 때문에 사람도 없는데 어디 가서 사람을 또 구하나. 머리가 복잡하네."

일을 끝낸 뒤 나, 아룬니 씨, 나리 씨, 부산에서 일을 하는 나리 씨의 남편, 김미자 씨가 한 자리에 모였다. 돌판 한쪽에는 초벌구이가 된 장어를 굽고 다른 쪽에는 삼겹살을 구웠다. 고기 연기가 집 안 가득했고 젓가락들이 바쁘게 움직였다. 어느 정도 배가 부르자 김미자 씨가 나리 씨에게 말을 시작했다.

"사모님이 알아. 나리가 몸이 약해서 일하기 힘들어하는 거. 공장으로 가겠다고 하면 사모님이 막지 못해. 그런데 공장에 가도 일이 힘들어. 여기 깻잎 따는 건 너희가 익숙한 일이잖아. 너희는 기술자니까 월급을 230만 원으로 올려줄게. 기숙사비도 안 받을게. 그러니까 내년 3월까지만 일해주면 안 될까? 여기 언니(아룬니 씨)도 같이 월급 올려줄 거야."

다음 날 아침, 나리 씨는 김미자 씨에게 계속 남아서 일을 하겠다고 말했고, 김미자 씨는 두 손으로 박수를 쳤다. 몇몇 고용주들은 더 나은 노동 환경과 주거 환경을 약속하며 농업 노동자들을 잡으려 했지만 쉽지 않았다. 농장과 공장에서 모두 일해본 노동자들에게 어느 일이 더 좋은지 물어보면 대답은 한결같았다. 그들은 망설임 없이 말했다.

"공장이 더 좋아요."

여권 압수, 고의적 임금 체불이라는 편법

"다른 농가를 알아보니까, 다 여권 갖고 있거나 월급 몇 달 치를 잡고 있대요. 한 나이 드신 분이 저희(홍선주 씨네)보고 여권을 갖고 있으라고 하더라고요, 그럼 도망 못 간다고. 그러면서 우리보고 바보래요. 여권도 안 뺏고, 월급도 제 날짜에 주니까 도망간다는 거예요."

일부 고용주들은 노동자들이 도망가지 못하게 악랄한 방법을 썼다. 여권 압수가 대표적인데, 이는 우리나라 출입국관리법상 형사 처벌의 대상이며(3년 이하의 징역 또는 3천만 원 이하의 벌금) 국제 인권 규범에도 어긋난다. 우리나라가 아직 비준하지는 않았지만 30년도 전에 제정된 유엔의 '모든 이주노동자와 그 가족들의 보호를 위한 국제협약(International Convention on the Protection of the Rights of All Migrant Workers and Members of Their Families, 1990)'의 제21조는 다음과 같이 규정하고 있다. "법률에 의하여 정식으로 권한을 부여받은 공무원 이외의자가 신분증명서, 입국, 체류, 거주 또는 정착을 허가하는 서류 또는 취업허가증을 압수, 파기 또는 파기하려 함은 위법이다. 그 같은 서류의 합법적 압수 시에는 상세한 수령증 교부가 있어야 한다. 어떠한 경우에도 이주노동자나 그 가족의 여권 또는 그에 상응하는 서류를 파기하는 것은 허용되지 아니한다."[33]

여권뿐만 아니라 월급 통장을 빼앗기도 했다. 경기도 이천에서 농장을 운영하는 한 사업주는 최근까지도 이주노동자의 월급 통장을 빼앗아서 도망가지 못하게 했다면서 내게 자랑스럽게 말했다. 어떤 이주노동자는 사업주가 자신의 월급 통장 내역을 보고 어디에 돈을 썼는지 추궁했다며 불만을 토로했다. 다른 이주노동자는 이주인권단체에 매달 1만 원씩 후원했는데 사업주가 통장을 보고 후원을 당장 끊으라고 강요해서 어쩔 수 없이 끊었다고 했다.

또 다른 사악한 방법으로는 몇 달 치 월급을 일부러 주지 않는 것이다. 노동자들이 밀린 월급이 아까워 사업장에 남는다는 것을 노린 것이었다. 더구나 미등록 노동자는 불안정한 체류 자격 때문에 임금 체불을 신고하지 못한다는 약점을 이용하는 사업주도 있었다. 한 사업주는 '불법' 체류 노동자들만 골라 고용한 후 고의적으로 임금을 떼먹기를 반복하다 구속되기도 했다.[34] 그러다 보니 일부 미등록 노동자들은 고용주가 임금을 조금만 늦게 주어도 짐을 쌌는데, 다른 사업장으로 가는 것이 못 받는 돈이 쌓이는 것보다 더 낫다는 경험 때문이었다.

'합법' 체류 노동자의 열악한 조건

홍선주 씨가 사람을 구하려고 애쓰던 시기에, 공교롭게도 충남 부여에서 일하는 캄보디아 여성 노동자 따비(가명, 20대) 씨에게 연락을 받았다. 그는 2018년 5월 고용허가제로 들어와 한 농장에서 3년 넘게 일하던 중이었다. 처음 만났을 때부터 따비 씨는 '성실근로자'로 인정받아 오래오래 한국에서 일하고 싶다고 말해 왔다. 그런 그가 사업장을 바꾸고 싶다고 도와 달라고 했다. 사업장을 중간에 바꾸면 재입국이 어려울 것이라고 이야기했지만 따비 씨는 상관없다고 했다.

"언니, 사장님에게 말해줘요. 저는 사업장을 바꾸고 싶어요. 사장님이 월급을 155만 원, 160만 원을 줘요. 비닐하우스 기숙사비 25만 원을 내요. 월급이 너무 적고, 기숙사비는 너무 많아요. 여기서 더 이상 일하고 싶지 않아요. 사장님에게 (사업장 변경에) 사인해 달라고 언니가 말해줘요."

합법 체류 노동자인 따비 씨는 비닐하우스 안 샌드위치패널로 지은 집에 살고 있었다. 각종 세금을 더해 기숙사비로 한 달에 25만 원이 임금에서 공제되었다. 따비 씨가 하루 9~10시간 일하고 한 달에 두 번 쉬고 실제로 받는 임금은 약 160만 원 정도였다. 겨울에는 해가 짧아져서 일을 늦게까지 하지 못해 130만~135만 원을 받았다. 코로나19로 일손이 부족해 미등록 노동자의 임금은 높아져 갔지만 '합법' 체류 노동자의 열악한 상황은 그대로였다.

내가 따비 씨의 사업주에게 전화해 상황을 전하자 그는 내게 하소연했다.

"나하고 따비하고 다 의사소통이 돼요. 걔가 한국 말 다 알 아듣는다고. 걔가 사인해 달라고 해서 내가 지금은 안 된다고 했어요. 사람이 안 들어오는데 어떻게 사인을 해줘. 사람이 들 어오면 사인해준다고 다 얘기했고, 얘가 알아들었단 말이에 요."

"사장님의 말씀은 알겠지만 본인은 거기서 일하고 싶지 않다 고 해요. 그래서 제게 전화를 한 것이고요."

"여기 애득이 왔다 갔다 하면서 서로 정보를 공유해요. 그러 더니 세 집이나 사인해 달라는 이야기를 들었다는 거예요. 내 가 따비한테 그랬어요. (코로나19) 백신 다 맞은 다음에 가라 고. 사인해줄 테니 걱정하지 말라고."

"네. 따비 씨가 그 얘기도 했어요. 그런데 백신은 거기서 안 맞고 다른 지역에 가서 맞아도 되잖아요. 사장님이 하루에 9~10시간씩 일을 시키고 월급은 8시간만 준 것을 따비 씨가 문제 삼을 수도 있고, 각종 세금이나 기숙사비 명목으로 너무 많이 공제한 것도 문제 삼을 수도 있어요. 그런데 그렇게 일을 크게 하고 싶지 않아서 이렇게 전화드린 거예요."

따비 씨의 고용주는 언성을 높였다.

"당신, 한국 사람 아니야? 한국 사람이면 한국 사람 편들어야지! 일손이 없어서 작물 수확 못하면 우리는 다 포기해야해. 1년 농사 망치는 거라고!"

나는 월급을 조금 인상해주면 따비 씨가 남을 여지가 있다고 말했다. 그러나 그는 완강히 거절하며 말했다.

"난 10원 하나 더 줄 수 없어요."

며칠 뒤 걱정이 되어 따비 씨에게 전화를 걸었다.

"사장님이 월급 10만 원 더 준다고 했어요. 그래서 일단 일을 하기로 했어요. 그래도 일자리 바꾸고 싶어요."

사업주의 답답함을 이해하지 못하는 것은 아니다. 작물은 심어놓았는데 관리하고 수확해야 할 노동자가 갑작스럽게 그만둔다고 하면 당장 일손을 구하기 어려운 상황에서 당혹스럽고 화가 날 것이다. 그런데 사업주도 근로계약을 지키지 않았기 때문에 온전히 노동자만 탓하기는 어려웠다. 따비 씨의 근로계약서에는 하루 8시간 근로, 한 달 4~5일 휴일이 명시되어 있었지만 전혀 지켜지지 않았다. 따비 씨의 집 정도면 각종 세금을 더해도 기숙사비는 보통 20만 원이었기에 25만 원은 비싼 편이었다.

비슷한 시기 '합법' 체류인 따비 씨보다 '불법' 체류인 쏘콤 씨가 더 좋은 대우를 받았다는 사실은 고용허가제의 실상을 잘 드러낸다. 단기간의 노동력만 제공하게끔 만든 촘촘한 장치는 오히려 노동자들을 옭아매고 있다. 미등록 노동자는 법적 보호를 받을 수 없지만 고용허가제를 지킬 의무가 없어 어떤 면에서는 더 자유롭다. 제도가 불법을 만들어낸 것은 아닌지 우리 사회는 고민할 필요가 있다.

인력사무소의
세계

"인력사무소에서 사람을 불렀어요, 어쩔 수 없이"

대부분 이주노동자 알선은 고용노동부에서 담당하고 있기 때문에 사설 인력사무소(직업소개소)를 통해 구하는 외국인은 미등록 이주민일 가능성이 높다. 현장에서는 모두 이 사실을 알고 있지만 인력이 부족하기 때문에 쉬쉬했다.

"인력사무소에서 사람을 쓰는 거 불법인데, 혹시 걱정되진 않으세요?"라고 묻자 깻잎 농사를 짓는 박수현 씨는 고개를 저으며 말했다. "투자를 해놨는데 놀 수는 없잖아요. 우선은 어쩔 수 없이 인력사무소에서 사람을 받아서 써야죠." 박수현 씨는 인력사무소를 통해 태국 여성 노동자 세 명을 상시 고용하고 가끔 비닐하우스 수리를 위해 남성 노동자 두세 명을 부른다고 했다.

"이 친구들이 깻잎 딴 지 일주일 됐어요. 한 달 정도 하고 나면 잘해요. 원래 일을 잘하는 친구들이라서. 인력사무소 사장님하고 친분도 있으니까 내년 봄까지 이 친구들을 계속 고정으로 쓸 생각이에요. 만약 12월에 (고용허가제로 들어오기로 한) 사람이 들어오더라도 일을 배울 때까지 인력사무소 친구들을 계속 쓰려고 해요. 그래도 이 친구들이 합법이 아니다 보니까 어떻게 될지 모르잖아요. (상황이 괜찮아지면) 합법을 써야죠."

사업주는 미등록 노동자를 고용하다 적발되면 3년 이하의 징역 또는 2천만 원 이하의 벌금을 부과받고(출입국관리법 제94조) 합법적인 외국인 고용이 제한된다(외국인고용법 제20조).[35] 범칙금의 경우 고용 인원과 '불법 체류' 기간에 따라 차이는 있지만 보통 고용한 사람당 250만~300만 원 정도라고 했다. 체류 기간이 2년 이상 고용 인원이 열 명 이상이면 2천만 원이었다.[36] 내가 만난 사업주들은 걸리면 벌금은 내면 되지만 일정 기간 외국인을 고용하지 못하게 될까 봐 걱정했다.

태국 노동자들과 잠깐 이야기를 나누어보고 싶다고 요청하자 박수현 씨는 깻잎밭에서 일하고 있던 이즈나(가명, 20대) 씨를 소개해주었다. 그가 한국어를 잘 못한다고 해서 우리는 영어로 뜨문뜨문 대화를 이어갔다.

"한국에서 일한 지는 2년 됐어요. 관광 비자로 들어왔고 비자는 만료됐어요. 여기서 하루에 6만 5천 원 벌어요. 한 달에 150만 원 정도 돈을 벌어요. 가장 힘든 점은 휴일이 없다는 거예요."

박수현 씨는 인력사무소에서 부른 노동자들에게 하루 9시간 일을 시키고 한 사람당 7만 5천 원을 준다고 했다. 2020년 최저 시급이 8,590원이이라 7만 5천 원이면 최저임금과 거의 비슷한 수준이었다. 인력사무소의 중개 수수료로 1만 원을 제하면 노동자에게는 6만 5천 원이 돌아갔다. 보통 합법적으로 체류하는 노동자들이 하루 10시간 일하고 6만 8천 원 정도 벌었기에 태국 노동자들은 수수료를 내고도 큰 손해가 아니었다.

"외국 애들도 인권이 있어"

2020년 6월 말, 나는 새벽녘에 시내에 있는 인력사무소를 무작정 찾아갔다. 인력사무소가 어떻게 운영되는지, 그곳에서 누가 일하고 임금은 어떻게 받는지 조사할 계획이었다. 시내 주택가 도로쪽에 '인력'이라는 이름을 단 사무소 몇 개가 모여 있었는데, 그중 불이 켜진 한 사무소로 들어가 사장 김동규(가명,

40대) 씨를 만났다.

"우리 사무소 (외국인) 남자들은 건설이나 철거 작업을 하고 (외국인) 여자들은 보통 밭에서 일을 해. 딸기밭, 사과밭, 마늘밭, 양파밭에서 일해. 합법인 애들도 있고, 비자가 만료됐는데 안 가는 애들, 코로나 때문에 비행기가 없어서 못 가는 애들도 있지. 주로 필리핀, 태국, 베트남 사람들이 있어. …… 인력사무소는 다 불법 애들 써. 100퍼센트 그래. 깨끗한 데는 하나도 없는데 뭐. 위험 부담은 있지. 출입국사무소에 애들 잡히면 한 사람당 2백~3백만 원씩 벌금 내야 하거든."

인력사무소에는 관광 비자 등 단기 체류(체류 기간 90일 이하) 자격으로 한국에 입국한 뒤 초과 체류하며 일하는 노동자들이 많아 보였다. 실제로 법무부의 <2020 출입국·외국인정책 통계연보>를 보면, '불법 체류자'는 2018년 처음으로 30만 명을 넘어 2020년에는 약 39만 명을 기록했는데, 이 가운데 71퍼센트인 약 28만 명이 단기 체류 비자로 들어온 사람들이었다. 체류 자격별로 보면 사증면제(B-1, 최대 90일 내에서 단기 관광·방문 등을 위해 비자 없이 입국이 가능한 체류 자격으로 태국, 카자흐스탄, 러시아 등이 여기에 해당한다)가 약 17만 명으로 43퍼센트, 단기방문(C-3)이 약 7만 8천 명으로 20퍼센트였다. 한편 비전문취업(E-9)은 약 4만 7천 명으로 12퍼센트였다.[37] 단기 체류 자격으로 입국해 초과 체류하며 일하는 자들이 압도적으로 많은 셈이다.

김동규 씨는 인력사무소가 어떻게 운영되는지 내게 말해주었다.

"사실 인력사무소 일이 거의 마지막 수준의 일이라고 볼 수 있잖아. 여기 오는 한국 사람들은 거의 신용 불량자거든. 노숙자로 가기 전 단계란 말이지. 인력 시장에 나오는 사람들은 집도 없어서 내가 보증금을 내고 원룸을 구해줘. 그러면 본인들이 알아서 월세를 내는 거야. 외국 애들도 내가 원룸을 구해주고 자기네들이 월세를 내고 이렇게 하거든. 방 하나에 보통 두세 명이 같이 살아. ……

우리는 수수료를 애들 인건비에서 보통 10퍼센트 떼. 기본이만 원이고. 그런데 더 많이 받는 데도 있어. 예를 들어 부추밭에서 일하는데, 일당이 10만 원이다. 그러면 우리는 만 원을 받고, 애들이 9만 원을 받아가. 그런데 다른 데는 사무소가 2만 원, 애들이 8만 원을 가져가. 만약 어떤 농장에서 애들 열 명을 보내 달라고 해. 그런데 우리는 애들이 다섯 명밖에 없어. 그럼 다른 사무소에 전화해서 애들 다섯 명 보내 달라고 해. 그러면 수수료는 반씩 받는 거야. 수수료 만 원을 받으면 우리 5천 원, 다른 사무소 5천 원, 이렇게. …… 애들 나름대로 가격표가 있어. 자기네들 인권이 있어. 우리나라에 하루 이틀 있던 게 아니거든. 작년에는 얼마를 받았지만 올해는 얼마를 받아야 한다는 나름의 기준이 있어."

　김동규 씨는 충주, 고창, 나주, 영천을 비롯한 채소나 과일 주산지에는 이미 최저임금보다 높은 금액으로 인건비가 책정되어 있다고 말했다. 주산지가 아닌 곳에서는 시설작물의 경우 하루 9시간을 일하면 8만 원 정도 받는다고 했다. 2020년 기준 최저임금과 비슷한 수준이었다(물론 여기서 중개 수수료로 1만 원 정도를 내야 했다). 아이러니하게도 인력사무소의 세계에서 미등록 노동자들의 노동력은 최저임금이 보장되어 있었다.

　인력사무소의 노동자들은 터무니없이 낮은 돈을 주는 곳에서는 일하지 않는다고 했다. 제대로 된 돈을 받고 일하는 것, 곧 자기가 생각하는 기준에 따라 일할 곳을 정하는 것, 김동규 씨의 말마따나 이곳에서는 그들의 '인권'이 보호되고 있었다.

"외국인 없으면 우리나라 안 돌아가"

　그날 나는 근처 다른 인력사무소를 운영하는 사장 박종민(가명, 50대) 씨도 만날 수 있었다. 그는 20년 정도 인력사무소를 운영하고 있었는데, 원래 중소 도시에서 공장 노동자들로 인력 사업을 하다가 5년 전에 고향으로 내려왔다고 했다.

　"사장들이 잘못하고, 월급 안 주고 하니까 애들이 일찍부터 불법 체류하는 거야. 내가 이거(인력사무소) 20년 운영해서 내 말이 정확해. 15년 전에 ○○시 공장에서 야간까지 하면 그 당시만 해도 월급이 140만~150만 원 했고, 20년 전에는 130만 원 했어. 공장에서 임금 체불하면 애들이 (사업장을 이탈해) 불법 돼서 인력사무소로 와. 그때 인력(사무소)에서 나가는 애들이 하루 인건비가 7만 원이었거든. 20일 정도만 일해도 140만 원 이상 벌어가니까 공장에서 야반도주하는거야. 불법 상태에서 몇 년 고생하면 되니까. ……

(여기) 농장주들이 못됐어. 자기네 일이 없으면 남의 집에다가 품앗이 시켜. 사람을 막 빌려주는데 건데, 그건 뭐 괜찮다고 해도, 애들을 짐승처럼 다뤘어. 일만 시키고 너무 학대한 거야. 그러니까 애들이 다 도망가버린 거지. 열 집이 있으면 반절은 그랬어. 나쁜 농장주들은 월급을 안 주기도 해. 열심히 일하지만 월급을 안 주면 애들이 도망가서 불법 체류 한다니까. 월급도 안 주지, 욕하지, 차별하지, 완전히 인종 차별이라니까."

박종민 씨는 이 지역 농업 노동자들 중 70~80퍼센트가 '불법' 체류일 거라고 추정했다. 농업 전체 인력 중 어느 정도가 미등록 노동자인지 정확한 통계를 찾기 어렵다. 2019년에 발간된 한 연구에 따르면, 외국인 근로자를 고용한 작물재배업 농가 290곳의 고용 경로를 설문 조사한 결과, 고용 센터 신청이 18.3퍼센트, 외국인 계절근로자 프로그램 신청이 0.7퍼센트로, 공식적 경로가 19퍼센트였다. 81퍼센트가 비공식적 경로로 외국인을 고용하고 있었다. 사설 인력사무소가 41퍼센트, 지인의 소개가 20.7퍼센트, 지역 내 또는 타 지역의 농작업팀에서 7.9퍼센트, 다문화 가정 이주민을 통한 고용이 6.2퍼센트였다.[38] 코로나19 유행 이후 공식적 경로가 제대로 기능하고 있지 않았기에 아마도 비공식적인 경로의 비율이 더 높아졌을 것으로 예상된다. 박종민 씨의 말이 결코 과장된 것이 아닌 것이다.

내가 미등록 노동자에 대한 정부의 단속에 대해 묻자 박종민 씨는 2019년에 단속반이 이곳에 온 이야기를 들려주었다.

"작년(2019년)에 많이 잡혀갔어, 여기에서. 여기 딸기도 많이 하거든. 딸기를 따고 공장에서 선별 작업할 때 딱 들어왔어. 출입국사무소 애들 열댓 명이 들어와서 공장문을 봉쇄해버렸어. 그리고 버스 하나에 다 싣고 가버리더라고. 여자들은 안 달려들잖아. 건설 현장이나 밭에서는 못 잡아가. 남자들은 도망도 도망이지만 거친 놈들은 연장 들고 달려들거든. 밭에서는 여자들도 비닐하우스 옆 구멍 뚫린 데로 나가서 다 도망가고. 목숨 걸고 도망가. 그런데 이렇게 애들 다 싣고 가면 무슨 일이 일어나는 줄 알아? 공장 망해. 공장 싹 다 안 돌아가."

김동규 씨도 비슷한 말을 했다.

"실질적으로 단속을 하면 안 돼. 단속하면 우리나라 노동 시장이 전부 다 멈춘다니까. 지금(2020년 6월) 비행기도 못 뜨는데 단속해서 잡아간들 뭐 못하지. …… 우리나라 외국인이 없으면 건설이고 뭐고 안 돼. 사람이 없어. 농업도 건설도 마찬가지거든. 건설 업체 중에 외국인이 없는 데가 없어. 우리나라 젊은 사람들이 이런 곳에서 일을 잘 안 하려고 하잖아. 한국 사람은 60대 이후가 많은데 외국 애들은 20·30대야. 외국 애들은 열심히 일도 하고 젊으니까 힘도 좋지.”

학계와 현장에서는 고령화, 출산율 저하, 청년층 이탈 등의 현실에 맞게 농업 인력의 정책 틀을 근본적으로 재검토해야 한다는 주장이 계속 제기되고 있다. 특히 밭작물의 경우 기계화가 상대적으로 낮은 수준이기에 지금의 폐쇄적인 노동 시장으로는 인력난을 피할 수 없다는 것이다. 2018년 6월 말, 고용노동부와 한국이민학회가 주관한 '제4차 외국인력정책 포럼'에서도 비슷한 이야기가 쏟아졌다. 학계, 시민단체, 국가 기관의 전문가가 모여 건설업, 연근해 어업, 농업, 가사 노동에 종사하는 이주노동자들의 노동 인권의 실태와 정책 방안을 이야기하는 자리였다. 한 국가 기관 전문가가 외국인이 아닌 내국인, 특히 청년층이 이런 업종에 접근할 수 있도록 해야 한다고 말하자, 50대로 보이는 한 건설협회 대표자가 답답한 듯 물을 한 모금 벌컥 들이키고 발언을 했다.

“건설업에 기능인등급제(기능 인력의 자격, 경력, 교육 훈련 등을 통해 등급을 구분하고 관리하는 제도), 적정임금제(발주처가 정한 일정 수준 이상의 임금을 건설근로자에게 지급하는 제도), 현장 내 시설 확충 문제 등 그런 고민은 하고 있는데요. 청년층 건설 현장 유입 문제는 앞으로도 장기간 개선해야 하는 문제입니다. 단순히 처우 개선이 해결책이 아닙니다. 솔직히 말해서 자기 자식 공부시켜서 노가다 보낼 부모가 누가 있겠습니까? 또 수주 산업이라는 것은 일정 기간 내에 건물을 완공해야 하잖아요. 그런 상황에서 공사 일정 못 맞추면 안 되니까 불법 고용을 하는 것이 편한 해법이겠지요. 미등록 체류자를 못 쓰게 하면 공사가 멈출 것입니다. 정부에서는 불법 고용 하지 말라고 해도, 현장에서는 그럴 수밖에 없는 상황입니다."

　정책이 어떻든 인력이 필요한 당장의 현실에서 '불법'과 '합법'의 경계는 무의미했다. 그 현실은 인력사무소에서도 볼 수 있었다. 인터뷰 도중에 수시로 전화가 울렸다. 내일 밭일에 사람을 보내 달라는 전화, 비닐하우스 보수 작업을 위해 사람을 보내 달라는 전화……. 수화기 너머로는 인력사무소 사장의 '알겠다'는 말에 연신 고맙다고 농업주들의 목소리가 들렸다.

6장

고립과 폭력에
둘러싸여

성폭력에 노출된
여성 이주노동자

신고해도 피해를 인정받을 수 없는 사람들

2016년 한국에 들어온 캄보디아 여성 노동자 니어리(가명, 20대) 씨는 경기도 이천의 한 비닐하우스 농장에서 일을 시작했다. 한국 남성 사업주는 니어리 씨에게 성희롱을 일삼았는데, 일이 끝난 저녁에도 매일 전화를 걸어 괴롭혔다. 심지어 그는 니어리 씨를 강제로 보건소에 데려가 성병과 에이즈 검사를 받게 했다. 지속적인 성적 괴롭힘을 견디다 못해 니어리 씨는 이주인권단체 '지구인의 정류장'으로 몸만 피해 왔다. 그런데도 사업주는 니어리 씨에게 계속 전화해 돌아오지 않으면 '무단이탈'로 신고하겠다고 협박했다. 니어리 씨는 단호하게 말했다.

"사장님이 나를 불법으로 만들어도 나는 돌아갈 수 없어요."

니어리 씨 사건을 지원한 '지구인의 정류장'의 김이찬 감독은 고용 센터에 성희롱 신고를 해도 조사가 잘 이루어지지 않는다고 말했다.

"여성 노동자가 성희롱하는 고용주를 신고했으면 현장 조사를 제대로 해야 하지 않느냐고 제가 고용 센터 직원에게 항의했죠. 그랬더니 그 공무원은 (성희롱보다) 임금 체불로 진정을 해서 사업장을 변경하라고 했어요. 그러면 고용주가 (사업장 변경에) 협조하겠다고 했대요."

고용 센터는 조사 기관이 아니라 제대로 된 조사를 하기도 어려운 데다, 넓은 지역을 고작 몇 명이 관리해야 하기에 업무가 과중되어, 입증하기 어려운 성희롱 사건보다는 조금 더 쉬운 임금 체불로 사업주를 신고해 마무리하자고 했다. 결국 니어리 씨는 지속적인 성희롱 피해를 겪었지만 제대로 된 조사도 받지 못한 채 가해자의 사업장에서 나와야 했다.

캄보디아 여성 노동자 짠따비(가명, 30대) 씨와 리케나(가명, 30대) 씨도 상황이 비슷했다. 그들은 2016년에 입국해 경기도 포천의 한 비닐하우스 농장에서 일을 시작했다. 기숙사는 비닐하우스 옆 농막 안에 있는 샌드위치패널로 지은 집이었고, 잠금 장치가 제대로 되어 있지 않았다. 짠따비 씨와 리케나 씨가 일을 시작한 지 3개월쯤 지난 2016년 말부터 50대 남성 사업주는 노동자들을 관리한다며 기숙사를 수시로 드나들었다. 문을 열어주지 않으면 사업주는 마구 두드리며 열라고 화를 냈다.

사업주는 기숙사에서 쉬고 있던 리케나 씨를 강제 추행했다. 리케나 씨가 소리를 지르자 화장실에서 이 소리를 들은 짠따비 씨가 급히 달려와서 말렸지만 사업주는 막무가내였다. 이런 일이 수차례 반복되었다. 심지어 일터에서도 강제 추행이 지속적으로 벌어졌고, 그는 툭하면 "나랑 모텔 가면, 피자 사줄게. 갈비 사줄게. 해장국 사줄게." 하며 성희롱했다.

2017년 12월부터 짠따비 씨는 가슴에 심한 통증을 느꼈지만 참고 계속 일을 했다. 의사소통이 어려워 병원에 가기가 꺼려지기도 했고 휴일도 없이 일하느라 병원이 있는 시내까지 갈 시간도 없었다. 2018년 1월 초 더는 통증을 참을 수가 없어 병원에 갔다. 짠따비 씨는 '흉막 결핵, 흉막 삼출' 등의 진단을 받고 바로 수술을 받았다. 고용허가제로 들어오는 이주노동자는 본국에서 건강검진을 받고, 한국에 도착해서 취업 교육을 받으면서 한 번 더 건강검진을 받는다. 만약 건강검진에 이상 소견이 보일 경우 바로 본국으로 송환된다. 취업 교육을 받을 때만 해도 건강에 이상이 없던 것으로 보아 장시간 노동으로 인해 면역 기능이 떨어져 결핵에 감염된 것으로 보였지만 사업주는 "결핵이 전염될 수 있으니 둘 다 나가라." 소리치며 두 노동자를 갑자기 해고해버렸다. 그러고는 고용노동부에 '당사자 간 자율 합의'로 근로계약을 해지했다고 신고했다.

짠따비 씨와 리케나 씨는 사업주와 합의하여 근로계약을 종료한 적이 없었다. 심지어 그들은 1년 넘게 지속적으로 직장 내 성희롱을 당하면서도 사업장을 옮기지 못했는데, 짠따비 씨는 약 1천1백만 원, 리케나 씨는 약 6백만 원의 임금 체불 상태였기 때문이다.

두 사람은 '지구인의 정류장'의 도움을 받아, 2018년 3월 의정부 노동청에 직장 내 성희롱 및 임금 체불에 관해 진정을 제기했다. 근로감독관의 조사에서 사업주는 자신의 잘못을 모두 인정했다. 성희롱 관련 부분을 경찰에 신고하지 않고 체불된 임금을 주는 방향으로 사건은 합의되었다. 결과적으로 사업주는 성희롱 관련해서 아무런 처벌도 받지 않았다. 그곳에는 다른 이주노동자가 그들의 빈자리를 채웠다.

김이찬 감독은 성폭력 피해에 관해 도움을 요청하는 여성 이주노동자들의 연락을 많이 받는다고 했다. 사업주의 성폭력으로 임신을 한 사례들도 있었고, 이후에 사업주의 강요로 임신 중단 수술을 받은 여성들도 있다고 했다. 그런데도 피해 여성들이 바라는 것은 오직 하나라고 했다.

"사장님한테 말해서 다른 농장에서 일하게 해주세요."

대부분의 여성 노동자들은 성폭력 문제 해결을 체념했고, 돈을 벌지 못할까 봐 걱정했다.

해결 방법은 그냥 도망치는 것

찌아(가명, 20대) 씨를 만난 곳은 나순희 씨네 깻잎 농장이었다. 그는 이전 사업장에서 '도망'쳐 나순희 씨네 깻잎밭에서 일하고 있었다. 이전 사업주는 찌아 씨가 코로나19 백신을 맞는 데까지 쫓아와 그를 강제로 데려가려고 했다. 나는 통역을 위해 실내 체육관에 마련된 '임시 예방 접종 센터'에 함께 갔다가 그 난리통을 목격했다. 며칠 뒤 찌아 씨에게 이전 사업장에서 도대체 무슨 일이 있었는지 물었다.

"사장님이 큰소리를 쳐서 너무 힘들었어요. 친구도 못 만나게 하고, 나가지도 못하게 해요. 코로나 이전에도 그랬고 코로나 이후에도 나가지 못하게 해요. 쉬는 날이면 우리 집 앞에 왔다 갔다 하면서 나를 감시해요. 너무 힘들어서 사장님한테 (사업장 변경에) 사인해 달라고 했어요. 그런데 안 된다고 했어요. …… 월급도 많이 안 줬어요. 계약서에는 월급이 190만 원이었는데, 140만~150만 원을 줬어요. 사실 여기 한 곳에서 계속 일을 하고, 성실근로자로 다시 한번 한국에 오고 싶었어요. 그런데 그냥 도망갈래요. 그게 편해요."

사업주는 찌아 씨가 친구들 만나는 것을 싫어했고, 코로나19 유행이 심해지자 한 달에 두 번 쉬는 날에 시장에 가거나 식당에 가거나 장을 보는 것도 못하게 했다. 필요한 식재료나 물건이 있으면 사업주가 나가서 사다주는 식이었다. 찌아 씨가 사는 지역은 인구가 약 10만 명으로 2021년 10월 기준 코로나19 확진자가 하루에 한 명도 안 나오거나 많이 나오면 5~10명 나오는 곳이다. 사업주 본인은 자유롭게 돌아다니면서 노동자는 잠깐 나가는 것도 못하게 막자 찌아 씨는 고립감에 스트레스를 굉장히 많이 받았다. 여기에 더해 심각한 문제가 또 있었다. 찌아 씨는 안절부절못하며 조그맣게 기어들어가는 목소리로 내게 말했다.

"사장님이 내 손을 막 잡아요. 그리고 만 원, 2만 원, 5만 원을 줘요. 저는 한 번도 그 돈을 받은 적이 없어요. 맹세해요. 돈을 받은 적이 없어요. 사장님 너무 싫어요. 그래서 도망쳤어요."

찌아 씨는 고용주의 성희롱을 견디다 못해 도망친 것이었다. 만약 성희롱이 인정되면 사업주의 의사와 상관없이 사업장을 옮길 수 있지만 찌아 씨는 이를 문제 삼고 싶지 않다고 했다. 신고하면 고용주가 찾아와 해코지할까 봐, 여기저기 캄보디아 사람들 사이에서 소문이 날까 봐, 성희롱 증거가 없다는 이유로 쫓겨나게 될까 봐 차라리 도망치는 것이 낫다고 말했다. 사업장 이탈로 신고당해 '불법 체류' 상태가 될지언정, '도망'치는 것이 적어도 고용주의 지속적인 성폭력으로부터는 벗어날 수 있는 길이라고 여겼다.

"문제를 크게 만들고 싶지 않아요. 도망가는 게 더 편해요. 내가 여기(나순희 씨네)에 있는 것을 그 사장님이 알게 되면 어떻게 해요? 사장님이 나를 잡으러 오면 어떻게 할까요? 잡히더라도 나는 다음 날 도망칠 거예요. 거기서는 절대 일을 할 수 없어요."

'남녀고용평등과 일·가정 양립 지원에 관한 법률'(남녀고용평등법) 제39조에 따르면, 사업주가 직장 내 성희롱 행위를 한 경우에는 1천만 원 이하의 과태료가 부과된다. 그러나 대부분의 여성 이주노동자들은 법적인 구제를 받지 못했다.

2016년 국가인권위원회가 실시한 '제조업 분야 여성 이주노동자 인권상황 실태조사'를 보면, 설문 조사에 응한 385명 가운데 45명(11.7퍼센트)이 성희롱과 성폭행을 겪었다고 대답했다.[39] 같은 해 공익인권법재단 '공감'에서 농업 분야의 여성 이주노동자 성폭력 실태 조사를 했는데, 응답자 202명 가운데 25명(12.4퍼센트)이 성폭력 피해를 당한 것으로 조사되었다. 성폭력 가해자는 한국인이 80퍼센트를 차지했는데, 고용주를 비롯해 고용주의 가족, 관리자, 직장 동료, 이웃 등이었다. 나머지는 한국 외 타국 동료(12퍼센트)와 같은 나라 동료(8퍼센트)였

다.[40]

　이처럼 피해자는 많았지만 실제 신고 건수는 극히 드물었다. '공감'의 실태 조사를 보면 성폭력 피해자 25명 중 2명만 기관에 도움을 요청했다. 나머지 23명은 도움을 요청하지 못했는데, 그 이유는 한국말을 잘 못해서(68.4퍼센트), 어디에 도움을 요청해야 할지 몰라서(52.6퍼센트), 내 말을 안 믿어줄 것 같아서(42.1퍼센트)였다(3가지 중복 응답 허용). 언어 장벽과 성폭력 피해 사실을 입증하는 것이 쉽지 않기 때문에 신고를 하기 꺼려한 것이다. 실제로 2013년부터 2018년 7월까지 고용노동부에 접수된 이주노동자의 '직장 내 성폭력' 피해 신고 건수는 19건에 불과했다. 2018년 7월 기준 여성 이주노동자는 미등록 노동자를 포함해서 2만 4천여 명이었음을 감안할 때 대부분의 피해자들이 거의 신고하지 않음을 알 수 있다. 실제 신고가 처벌로 이어진 경우도 극히 드물었다. 이렇게 5년 동안 접수된 성폭력 피해 사건 19건 중에서 18건이 사업주나 관리자가 가해자였다. 나머지 1건은 동료 이주노동자가 가해자였고 그는 구속되었다. 나머지 8건은 사업주가 과태료를 물거나 피해자가 사업장 변경을 하는 것으로 마무리되었고, 10건은 가해자가 혐의가 있다고 판단 검찰로 송치되었다.[41]

　나는 찌아 씨에게 정식으로 사업장을 변경하기 위해 고용 센터나 노동청에 가서 성희롱 피해를 신고하는 것이 어떻겠느냐고 설득했다. 그러자 찌아 씨는 내게 물었다.

"사장님이 (나를) 만지고 돈을 주려 했다고 말하면, 한국 사람들이 믿어주나요?"

나는 그렇다고 확답할 수가 없었다.

성폭력 피해를 입증 못 하면 강제 추방당할 수 있다고?

고용허가제 업무 편람에 따르면 이주노동자가 성폭행 피해를 이유로 사업장 변경을 신청할 경우, 고용 센터에서 조사 후 피해 사례가 인정되면 '긴급 사업장 변경'이 허용된다. 피해자의 진술 외에 증거가 없을 경우 상담 기관에서 상담을 받도록 안내하고 그 상담 결과를 토대로 삼아 사업장 변경 여부를 판단한다. 이 모든 사업장 변경 절차는 신속하게 진행하기 위해 3일 이내에 마치도록 되어 있다. 그러나 만일 수사 결과 허위나 거짓(혐의 없음)으로 판정이 날 경우, (긴급하게 사업장을 변경한 경우에도) 악용 사례 방지를 위해 해당 이주노동자에게 '불이익'을 부과한다. 새로운 사업장 알선을 중단하거나 고용 관계 해지 후 출국 조치를 단행하는 것이다.

'이주인권사례연구모임'에서 2020년에 펴낸 《고용허가제 업무편람 다시쓰기》에서 지적한 대로 "성폭력 피해자의 신고가 접수되면 원칙적으로 피해자와 가해자의 분리를 위하여 필요한 조치로 긴급 사업장 변경 절차를 진행해야 한다." 고용 센터는 "수사나 법률의 해석 및 판단을 하는 기관이 아니고, 이에 대한 권한도 없다." 또한 "성폭력에 대한 깊은 이해를 가지고 지원하고 사례를 다룰 수 있는 전문성을 가진 것도 아니다." 그런데도 고용 센터의 공무원에게 성폭력 여부를 판단하게 하는 것은 적절하다고 볼 수 없다. 추가 피해나 보복 행위를 막기 위해서라도 빠른 분리가 필요하다.

게다가 '혐의 없음'이란 판정만으로 이주노동자에게 불이익 조치를 하는 것은 지나치게 가혹하다. '혐의 없음'이란 피의 사실이 범죄로 인정되지 않거나 피의 사실을 인정할 만한 충분한 증거가 없는 경우를 의미하며(검찰사건사무규칙 제69조), "검찰도 혐의 없음의 결과만 가지고 거짓 고소로 유추하지" 않는다. 성폭력 사건의 경우, 둘만 있는 공간에서 발생하기 때문에 피해자의 진술 이외에 물적 증거가 확실치 않아서 법적인 입증이 어렵다. 상황이 이러한데 한국말이 서툴고 한국 문화도 낯선 이주노동자가 자신의 피해를 증명하기란 결코 쉽지 않다. 따라서 '혐의 없음'을 근거로 출국 조치를 한다면, 사실상 성폭행 피해 신고 자체를 막는 효과를 가져올 뿐이다.

성폭력 피해를 당한 이주 여성들을 대리해 온 조영신 변호사는 '출국 조치'에 관해 다음과 같이 말했다.

"성범죄에는 증거가 없어요. 증인도 없어요. 다른 사람이 없는 곳에서 일어난 사건이니까요. 결국 중요한 것은 일관된 피해자의 진술밖에 없어요. …… 따라서 말도 안 되는 조항이죠. (혐의 없음으로 판정이 나서) 고소했다는 이유 하나만으로, 출국 조치는 말이 안 되죠. 그러면 누가 신고를 할 수 있겠어요? 무서워서 신고를 할 수 없으니까 (성폭력을 당해도) 사업장 변경 신청을 못 하잖아요. ……

이주노동자는 사업장 변경의 자유가 전혀 없고, 사업주가 동의를 해야 사업장을 변경할 수 있잖아요. 법은 (성폭력 등의 피해가 있을 경우엔) 그렇지 않다고 하지만, 실제 그렇지요. 그런 상황에서 이들은 사업주에게 예속되어서 일을 할 수밖에 없는 상황에 놓이게 됩니다. 특히 여성 이주노동자는 사용자의 일방적인 범죄 행위, 특히 성범죄 행위에 노출될 가능성이 굉장히 높다고 생각합니다."

'성폭력방지 및 피해자보호 등에 관한 법률'(성폭력방지법) 제8조에 따르면, "누구든지 피해자를 고용하고 있는 자는 성폭력과 관련하여 피해자를 해고하거나 그 밖의 불이익을 주어서는 아니 된다." 또한 남녀고용평등법 제14조 제6항은 다음과 같이 적혀 있다. "직장 내 성희롱 신고근로자 및 피해근로자 등에게 불리한 처우를 금지하여야 한다." 그러나 사실상 이주노동자들은 이러한 법의 보호 바깥에 놓여 있다.

이주노동자의
건강권

사회적 거리두기가 아닌 사회적 고립

2020년 초 한국에서 코로나19가 퍼지던 시기, 대부분 이주
노동자들은 사업주의 통제 아래 거의 바깥출입을 하지 못했다.

"사장님이 밖에 나가지 못하게 했어요. 아무데도 가지 말라
고 했어요."

내가 만난 많은 노동자들은 공통적으로 이렇게 말했다. 지
나친 통제로 곳곳에서 문제가 발생하기도 했다. 경기도 포천에
서 일하던 한 농업 노동자는 미리 예약한 병원에도 못 가게 막
는 고용주와 싸우다가 해고당한 후 '지구인의 정류장'에 도움

을 요청했다.

 2020년 4월 초, 싱가포르에서 이주노동자 2만 명이 공동 거주하는 기숙사에서 코로나19 확진자가 폭증한 사건이 일어났다. 보도된 바에 의하면 방은 거리두기를 할 수 없이 다닥다닥 붙어 있었고, 한방에는 네 명 이상 머물렀으며, 위생 시설은 엉망이었다. 결국 싱가포르 정부는 2만 명에 가까운 이주노동자들을 기숙사에 2주간 격리했다. 이 사건이 있고 얼마 안 돼 JTBC의 한 기자가 '지구인의 정류장'에 전화를 했다. 전국에 있는 이주노동자 숙소에서 코로나19 집단 감염 위험은 없는지 물었고 이와 관련해 취재 요청을 했다. 다행히 당시 집단 감염 문제로 도움을 요청한 이들은 없었는데, 그 이유를 질문하는 기자에게 김이찬 감독은 이렇게 답했다.

 "원래부터 이주노동자들은 사회적 거리두기를 해 왔어요. 한 달에 두 번 쉬는데 그 쉬는 동안 사람을 만나면 몇 명이나 만나겠어요. 농촌 사회에서는 아주 보이지 않는 존재예요. 사회적 거리두기가 아니라 완전히 사회적으로 고립되어 있으니, 역설적이게도 코로나19로부터 안전한 상황인 거지요."

 사회적 거리두기가 아닌 사회적 고립. 농업 이주노동자들이 처한 상황을 설명하는 적절한 문구였다. 코로나19 이전에도 이들은 사회적으로 보이지 않는 존재였다. 동네나 마을이 아닌, 비닐하우스 근처 기숙사에서 대부분의 시간을 보내는 데다, 정말 가끔 시내에 장을 보러 가기 때문에 마주칠 환경 자체가 안되었다. 분명 사회 어딘가에는 있지만 눈에 보이지 않는 존재였던 것이다.

경기도, 충청도, 경상도에서 만난 농업 이주노동자들에게 혹시 한국 사람들에게 차별당한 경험이 있는지 조사할 겸 물어본 적이 있다. 그들의 답은 내 예상과 달랐다. 사업주 말고는 다른 한국 사람들을 거의 만나지 못하기에 차별당한 경험이 없다는 것이었다. 그들은 어쩌다 시내에 가더라도 한국인들이 가는 카페나 식당이 아닌 자기네 사람들이 하는 식당에 주로 간다고 했다. 사회적 고립 상태에서 선주민과 접촉할 기회가 적기 때문에 내 질문 자체가 성립되지 않는 것이었다.

2020년 10월 추석날 나는 경기도 안성을 다시 찾았다. 그해 8월에 수해로 이재민이 된 이주노동자들을 만나기 위해 MBC 취재팀과 방문한 곳이었다. 두 달이 지났지만 캄보디아 여성 노동자 두 명이 나를 기억하고 반갑게 맞아주었다. 두 사람은 모처럼 쉬는 날이라 집에서 캄보디아 음식을 해놓고 막 먹으려던 참이라고 했다.

"지금 사장님은 없어요. 추석에 우리 일 안 해요."

"사장님은 어디 가셨어요?"

"서울에 갔어요. 거기 아들 집이 있어요."

정부가 코로나19 확산 방지를 위해 명절 때 고향 방문을 최소화하자고 대대적으로 호소하던 시기였다. 이주노동자들은 명절이라고 해도 마땅히 갈 곳이 없기도 했고 가까운 친구 집에 가고 싶어도 하루만 쉬기에 방문을 포기하기도 했다. 그에 비해 사업주는 더 자유롭게 움직였다. 사실상 사업주가 노동자들보다 행동반경이 더 넓기 때문에 감염병 위험에 노출될 가능성도 더 높아 보였다. 이주노동자 니몰 씨는 사업주가 노동자를 나가지 못하게 막는 상황에 대해 이렇게 말했다.

　　"(사장님이) 비닐하우스에서 지내는 사람들끼리 모이는 건 상관없는데, 외부의 한국인이나 다른 사람은 만나지 말라고 했어요. …… 그런데 농담으로 사장님이 차를 가지고 돌아다니니까 더 많은 사람들을 만나고 위험할 텐데 왜 우리보고 사람 만나지 말라고 하는지 이해가 안 된다고 웃었죠. 그런 이야기만 하고 말았어요."

"병원에 한 번도 안 가봤어요"

　　통계청 자료에 의하면 2019년에 한국에 거주하는 외국인 주민은 약 222만 명으로 전체 인구의 4.3퍼센트를 차지했다. 2020년에는 코로나19의 여파로 외국인 근로자와 유학생의 입국이 큰 폭으로 감소하며 215만 명으로 줄었는데, 그래도 전체 인구의 4.1퍼센트였다. 경제협력개발기구(OECD)에서는 '이주 배경인구(본인이나 부모 중 어느 한쪽이 외국 국적을 가졌거나 가진 사람. 외국인은 물론 내국인으로 분류되는 귀화자와 이민자 2세도 포함된다)'가 차지하는 비중이 전체 인구의 5퍼센트를 넘으면 다문화·다인종 국가로 분류하는데, 한국도 곧 이 분류에 속할 날이 멀지 않았다. 그런데도 이주민을 위한 의료 정보나 서비스 제공에 관한 시스템은 대단히 미비한 실정이다.

내가 '지구인의 정류장'에서 자원 활동을 할 때 이주민들은 내게 병원에 함께 가 달라는 부탁을 많이 했다. 2020년 4월 초 '지구인의 정류장' 쉼터에서 만난 한 캄보디아 여성 노동자가 그랬다. 그는 자신을 포함해 함께 기숙사에 살던 두 명의 동료 노동자가 모두 가슴 답답함과 기침 증세가 있다며 병원에 함께 가 달라고 부탁했다. 같이 병원에 가기로 했지만 초과 체류자였던 한 명은 혹시나 추방당할까 봐 주저했다.

"병원 의사와 간호사는 당신이 미등록인지 아닌지 몰라요. 의료보험료 안 냈다고만 하면 돼요. 빨리 병원에 가야 해요."

설득 끝에 나와 세 여성 노동자는 '지구인의 정류장' 쉼터 주변에 있는 내과를 찾았다.

"가슴 속에서 열이 나고, 목구멍에 가래처럼 막힌 것 같은 느낌이 들어요."

나는 노동자들과 의사 사이에서 더듬더듬 통역을 이어갔다. 흉부 엑스레이 촬영을 마친 뒤 진찰을 받았고 다행히 염증 외에 특별한 이상은 발견되지 않는다는 소견을 들었다. 의사가 처방해준 염증 약을 받자 세 사람은 그제서야 안도하는 미소를 지어 보였다.

깻잎밭에서 일하는 캄보디아 노동자 찬모니(가명, 20대) 씨도 내게 병원에 함께 가주길 바랐다. 생리통이 너무 심해서 검사를 받고 싶은데, 어느 병원에 가야하는지 모르겠다고 했다. 내가 시내에 있는 산부인과를 검색해 길 안내를 했고, 그는 한국에서 처음으로 병원에 가는 거라고 했다.

외국에서 살아본 경험이 있는 사람이라면 알겠지만, 외국에서 병원에 가는 것은 생각보다 어렵다. 어느 병원에 가야 하는지, 그 병원이 어디에 있는지 검색하고 예약하고 찾아가는 과정뿐만 아니라 병원에서 어떻게 진료를 받고 치료를 해야 하는지 모든 절차가 낯설기 때문이다.

이주민들은 언어 장벽으로 인해 병원에서 적절한 진료를 받을 수 있을지 걱정했다. 특히 한국의 의료시스템을 잘 모르는 데다 어디서 정보를 얻어야 하는지 막막해했다. 나와 병원에 함께 간 세 여성 노동자는 병원에서 받은 처방전으로 약국에 가야 한다는 사실을 몰랐다고 했다. 또 병원비도 너무 비쌀까 봐 걱정하기도 했다. 교통과 시간도 문제였다. 일단 농촌 마을에서 시내에 있는 병원에 가는 것 자체가 힘들었고, 보통 하루 반나절은 써야 했기에 쉬는 날이 아니면 엄두를 낼 수가 없었다. 그러다 보니 내가 만난 농업 이주노동자들 중에는 병원에 한 번도 가보지 못한 이들이 대부분이었다. 그들은 아프면 병원에 가기보다 그저 고용주에게 부탁해서 약을 사 먹는 것이 전부라고 했다.

건강보험 당연가입 제도의 허와 실

국민건강보험공단은 2019년 7월 '외국인 건강보험 당연가입 제도'를 시행했다. 2019년 7월 16일 이후로 국내에 6개월 이상 체류하는 모든 외국인과 재외국민은 건강보험에 당연 가입되며 병원과 의원 진료시 내국인과 똑같은 보험 급여 혜택을 받는 제도이다. 이전에는 국내 3개월 이상 체류하는 외국인들 중에서 직장가입자가 아닌 경우는 건강보험에 가입할 의무가 없었지만 이제 6개월 이상 체류하는 모든 외국인은 건강보험을 의무적으로 가입해야 한다.

외국인 건강보험 가입자도 내국인과 마찬가지로 직장가입자와 지역가입자로 나뉜다. 직장가입자는 직장에서 보험료의 절반을 부담하는 반면, 지역가입자는 보험료 전부를 내야 한다.

5인 미만 사업장이 대부분인 농업 분야에서는 거의 모든 이주 노동자가 지역가입자였고 따라서 건강보험료를 전액 부담해야 한다. 국민건강보험공단의 자료에 의하면 2019년 9월 기준 외국인 건강보험 가입자가 125만 명을 넘어섰고, 지역가입자 수는 3개월 동안 약 27만 명이 늘었다.[42]

정책 변화는 긍정적인 측면이 분명히 있다. 건강보험 의무 가입을 통해 국적에 따른 차별을 없애고, 내국인(선주민)뿐만 아니라 외국인(이주민)도 건강권을 보장받을 수 있다. 조영관 변호사에 따르면, "모든 인간의 보편적 건강권 보장이라는 관점"에서 건강보험 의무 가입은 바람직하며 "시민단체와 유엔 인권기구에서도 장기 체류 외국인에 대한 차별 없는 건강보험 적용을 여러 차례 권고"했기 때문에 올바른 방향이라고 볼 수 있다.

그러나 그는 다음과 같은 이유로 현재 건강보험 의무 가입 제도가 인종 차별적이라고 비판했다.[43] 첫째, 2020년 기준으로 보험료가 최소 113,050원으로 높게 책정되어 있다. 내국인은 소득과 재산 수준에 따라서 보험료가 산정되지만 외국인은 이런 과정 없이 내국인 보험 가입자의 평균 보험료를 낸다. 2017년 기준으로 외국인 노동자의 월평균 근로소득은 147만 원으로 내국인의 67퍼센트밖에 안 되지만, 보험료는 내국인의 평균 보험료와 똑같이 냈다. 외국인은 더 적게 벌고 상대적으로 보험료를 더 많이 내는 셈이다.

둘째, 내국인은 배우자, 직계존속, 직계비속 등이 피부양자로 묶일 수 있지만, 외국인은 배우자와 미성년 자녀만 피부양자로 묶일 수 있다. 따라서 성인인 외국인 자녀가 부모를 모시고 사는 경우, 세 명 각자에게 113,050원으로 보험료가 부과되어 한 달에 적어도 339,150원을 내야 한다.

셋째, 보험료가 체납되면 체류 자격에 불이익을 준다. 보험료가 3회 초과 체납되면 비자 연장이 안 되고 출국 조치를 당할 수 있다. 건강보험료를 체납하면 의료 시스템 사용에 불이익을 주어야지(보험료를 완납할 때까지 건강보험 급여가 제한되기에 의료 시스템 사용에도 불이익을 주고 있다), 이주민의 체류 자격까지 엮어서 불이익을 주는 것은 합당한 조치가 아닌 명백한 차별 대우이다.

넷째, 이것이 가장 큰 문제인데, 이렇게 보험료를 매달 내더라도 이주노동자들은 이에 합당한 의료 서비스를 받지 못한다는 것이다. 이주민의 의료 서비스 접근을 위한 정책 지원이 대단히 부실하다. 기본적인 통역 서비스조차 거의 지원되지 않고 있다. 심지어 건강보험료 납부에 대한 정보 제공도 제대로 되어 있지 않다. 어떤 캄보디아 노동자는 건강보험료 납부 방법을 몰라서 계속 내지 못하다가 채권압류통지서가 날아와서 통장이 가압류되기도 했다. 그는 연체금을 다 지불하고 나서야 통장을 사용할 수 있었는데, 건강보험료 관련해서 물어보려고 해도, 공단의 고객 센터 통역은 '영어, 중국어, 베트남어, 우즈베크어'만 제공했기에 상담을 신청할 수 없었다고 했다.

건강보험료 고지서를 받지 못하거나, 보험료 체납금을 내고 싶은데 어떻게 할지 몰라서 내게 문의하는 이주노동자가 많았다. 고용허가제를 통해 16개국의 이주노동자가 한국으로 오고, 외국인 가입자가 120만 명이 넘는 상황을 고려해볼 때, 더 많은 언어의 통역 서비스와 정보 제공이 꼭 필요하다.

외국인 건강보험료로 돈 버는 나라

일부에서는 외국인들이 건강보험료를 적게 납부하고 혜택을 많이 가져간다며 비난하는 목소리가 있지만 실상은 전혀 그렇지 않다. 건강보험공단의 최근 자료를 살펴보면, 2018년부터 3년간 건강보험료 재정수지 누적 흑자 규모가 1조 원이 넘는다. 외국인이 건강보험료로 낸 돈보다 보험 급여를 적게 받아 온 것이다. 구체적으로 살펴보면 2018년 2346억 원, 2019년 3736억 원, 2020년 5875억 원의 흑자를 기록해 그 규모가 매년 증가했다.[44]

국가 차원에서는 재정수지 흑자가 긍정적일지 몰라도, 누적되는 규모를 봤을 때 외국인 노동자에게 과한 보험료를 청구하는 것은 아닌지 생각해볼 필요가 있다. 특히 건강보험료에 포함된 '장기요양보험료'가 그렇다. 고용허가제를 통해 입국 가능한 연령은 18~39세이고, 이들이 최장 9년 8개월만 체류 허가를 받을 수 있다는 점을 감안하면, 이들은 고령과 노인성 질병으로 인해 이런 장기요양급여를 제공받지 못할 가능성이 높다. 특히 직장가입자인 일부 외국인 노동자는(기술연수D-3, 비전문취업E-9, 방문취업H-2 체류 자격만 해당) '노인장기요양보험법 시행령'에 따라 장기요양보험 가입 제외 신청을 할 경우 자격 상실이 가능하다. 그런데 이상하게도 지역가입자는 여기에 해당되지 않는다. 장기요양보험료의 취지나 직장가입자와의 형평성을 고려할 때 제도 개선이 필요해 보인다.

고용허가제를 통해 제조업, 건설업, 서비스업에 종사하는 이주노동자들은 직장가입자로 가입하는 것이 가능하지만 농·축산·어업에 종사하는 이주노동자들은 가입이 안 된다. 분명 이들은 직장에서 일을 하지만 직장가입자 자격이 없는 것이다. 같은 고용허가제를 통해 입국했는데도 왜 이런 차이가 나는 것일까? 고용허가제의 외국인고용법과 국민건강보험법이 서로 충돌하기 때문이다.

외국인고용법 제14조에 의하면 "외국인근로자에게 '국민건강보험법'을 적용하는 경우 …… 사용자에게 고용된 외국인근로자는 …… 직장가입자로 본다." 고용허가제는 농·축산·어업 사업주가 개인으로 농장을 운영하는 경우 사업자등록 없이도 이주노동자 고용을 허용하기에, 사실상 외국인고용법은 사업자 등록과 상관없이 농·축산·어업 이주노동자도 직장가입자가 될 수 있다는 입장이다. 그러나 보건복지부와 건강보험공단은 국민건강보험법을 근거로 사업자등록이 되지 않은 곳에서 일하는 노동자에게 직장가입자 자격 부여를 거부한다.[45]

농·축산·어업 이주노동자는 직장가입자가 되지 못해 지역가입자로 건강보험에 의무 가입한다. 직장가입자는 사업주와 보험료를 절반씩 내지만, 지역가입자는 보험료를 모두 부담한다. 농·축산·어업 이주노동자가 내는 한 달 건강보험료는 2022년 기준 12~13만 원이다. 이주노동자는 분명 고용 관계에 있으므로 직장가입자 자격을 부여하는 것이 맞지 않을까? 내가 만나본 모든 이주노동자는 한 달에 12~13만원이나 되는 건강보험료가 비싸다고 하소연했다. 2020년 '이주민 건강권 실태와 의료보장제도 개선방안 연구'를 위한 설문 조사를 했을 때, 설문지 주관식 문항에 이주노동자들은 다음과 같은 글을 썼다.

"저는 농업 분야에서 일을 하고 있는데 월급이 정말 적습니다. 건강보험공단에서 보험료를 6만 원으로 좀 깎아주었으면 합니다. 보험료 12만 원이 정말 비쌉니다. 저희 노동자에 대한 배려를 해주시기를 부탁드립니다."

"저희는 농촌에 살고, 한 달에 2~3번 쉬기 때문에 병원에 갈 시간도 없어서 그냥 약을 사서 먹습니다. 따라서 병원도 거의 가지 않는데, 보험료를 매달 내는 것은 부당합니다."

"건강보험료를 좀 내려주세요. 저는 보험료를 제 능력 이상 으로 이렇게 많이 낼 수 있는 형편이 못 됩니다. 그래서 보험공 단에 꼭 요청을 드리고 싶은데 저와 같은 외국인 노동자가 있 다는 점을 꼭 좀 고려해주시기를 바랍니다."

"저는 이주노동자인데 매달 건강보험료를 내야 하고, 보험료 도 비쌉니다. 어떨 때는 일거리가 없어서 월급도 적게 받습니 다. 어떨 때는 사업장 변경을 하게 되면 구직 활동 하느라고 월 급이 없는데 보험료를 내야 해서 정말 많이 힘들었습니다. 건강 보험료를 깎아주시기 바랍니다. 사업장 변경하고 구직 활동을 할 때 소득이 전혀 없는 노동자를 좀 배려해주시기를 바랍니 다."

"병원에서 통역해주는 사람을 구해줄 수 있을까요? 그리고 관련 병원에 대한 정보도 공유해줬으면 합니다."

이주노동자들은 사회적 기본권으로서 '건강권'을 위해 정당 한 요구를 하고 있었다. 우리 사회가 그들의 목소리에 귀 기울 여야 할 차례이다.

7장

불법인 사람은
없습니다

합법과 불법의
경계에서

"이제는 불법 사람이에요"

니몰 씨를 처음 만난 건 2018년 6월 이주인권단체 '지구인의
정류장'에서였다. 20대 초반으로 한 눈에 봐도 어려 보였다. 그
는 깻잎밭에서 하루 10시간 일을 하면서 고용주로부터 몇 달
동안 임금을 받지 못했다고 했다. 근로계약서에는 하루 8시간,
한 달에 226시간을 일한다고 나와 있었지만 실제로는 308시
간 일을 했다. 농번기에는 한 달에 330시간 넘게 일한 적도 있
었다. 노동청에서 조사를 받았고 다행히 니몰 씨는 전부는 아
니지만 밀린 월급을 받을 수 있었다.

2019년 12월, 니몰 씨를 캄보디아에서 다시 만났다. 당시 나는 현장 연구를 위해 캄보디아에 있었고, 니몰 씨도 농한기를 이용해 잠시 고향에 온 참이었다. 그는 어머니 생일잔치에 나를 초대했다. 프놈펜에서 캄퐁츠낭이라는 작은 도시로 간 뒤 또 거기에서 오토바이로 약 한 시간을 걸려 도착했다. 그곳에서 만난 니몰 씨는 자신감이 넘쳐 보였다. 부모님이 사는 캄보디아 식 전통 가옥 바로 앞에 시멘트로 된 자기 집을 지었다며 보여 주었다. 그의 집은 전통 가옥보다 높은 곳에 있었고 그 작은 동네에서 가장 으리으리했다. 앞으로 결혼한 뒤 살 집이었다. 생일잔치는 성대했다. 하루 내내 동네 여성들이 식재료를 손질하고 커다란 솥단지 6개에 음식을 했다. 스님이 와서 조상의 명복을 빌고 니몰 씨 어머니와 가족에게 행운을 빌어주었다.

2020년 6월, 한국에서 니몰 씨를 다시 만났다. 일이 끝난 뒤라 얼굴이 벌게져서 얼음찜질 팩을 이리저리 대고 있었다. 여전히 깻잎밭에서 하루 10시간 일을 했고, 한 달에 한 번도 쉬지 않는다고 했다. 피곤한 기색이 역력했다. 그래도 다이어트를 해야 해서 밤에 저녁 대신 오이와 당근 같은 야채를 먹고 가끔 다이어트 약을 사서 먹는다고도 했다. 이유를 물으니 한 달에 한두 번 정도 예쁘게 차려 입고 SNS 라이브 방송을 하는데, 거기서 캄보디아인을 상대로 한국의 화장품을 판다는 것이었다. 2021년 2월이 되면 비자가 만료되어 본국으로 돌아가야 하니 더 돈을 벌려는 듯했다.

2021년 10월, 니몰 씨를 다시 만났다. 2020년에 일했던 깻잎 밭에서 차로 20분가량 떨어진 마을에서 일하고 있었다. 어떻게 지냈느냐는 질문에 니몰 씨가 답했다.

"이제는 불법 사람이에요."

그는 출국 대신 한국에서 몇 년 더 일하기로 결심했다고 말했다.

"불법 사람, 괜찮아요? 안 무서워요?"

"무서워요. 그런데 일해야 엄마 아빠한테 돈 보낼 수 있어요."

그는 토마토 농장에서 60대 한국인 부부와 함께 하루 8~9시간 일한다고 했다.

"예전 (깻잎밭) 사장님이 계속 일을 하라고 했어요. 그런데 내가 거기서 일하고 싶지 않았어요. 그래서 사장님에게 고향에 간다고 말을 하고 나왔어요. 여기 사장님이 와서 일을 하라고 했어요. 기숙사비도 없어요. 일도 힘들지 않아요."

니몰 씨가 집으로 안내했다. 전에 살던 비닐하우스 옆 컨테이너보다 더 좋아 보였다. 그 전 집은 좁기도 했고 구조도 이상했다. 화장실을 통과해야 방문이 나왔고, 방 한편에는 부엌이 있어 좁았다. 두 사람이 몸을 뻗으면 꽉 차는 공간에 세 사람이 각각 25만 원씩 총 75만 원을 내고 살았다. 지금 집도 가설건축물이었지만 마을 안에 있었다. 현관문을 열고 들어가니 널찍한 방에 온기가 느껴졌다. 왼편에 2인용 매트리스가 바닥에 깔려 있고 오른편에 3인용 낮은 소파가 있었다. 그러고도 공간이 남았다. 방 입구 맞은편에는 문이 두 개가 있었는데, 화장실과 부엌이었다.

"합법일 때 집보다 여기 집이 더 좋네요."

니몰 씨는 고개를 끄덕이며 말했다.

"집 정말 좋아요. 혼자 살아서 더 좋아요."

니몰 씨는 나보고 태국 친구네 가서 같이 저녁을 먹자고 했다. 집을 나서서 2차선 도로를 건너 골목으로 들어가니 다닥다닥 붙어 있는 집들이 나왔다. 그중 한 곳의 현관문을 두드렸다. "언니, 언니." 현관문이 열리자 고기 굽는 연기가 훅 빠져나왔다. 현관에 들어서니 부엌이자 거실이 나왔다. 왼편에는 방 한 개가 있고 오른편에는 화장실이 있었다. 두 사람이 부엌 바닥에 신문지를 깔고 휴대용 가스버너에 대패 삼겹살을 구웠다. 나는 감사 인사를 하고 자리를 잡고 앉았다.

니몰 씨는 예전 깻잎 밭에서 같이 일했던 태국 언니라면서 루트나(가명, 30대) 씨를 소개했다. 루트나 씨는 키가 160센티미터 중반 정도에 넓은 이마, 오뚝한 코, 선해 보이는 눈매를 하고 있었고 머리를 질끈 묶었으며 농사일로 손이 거칠어 보였다. 그는 남편과 함께 한국에 온 지 7년이 넘었다고 했다. 태국에서 두 딸을 낳고 한국에 왔는데 이제 여덟 살, 열 살이 되었다고 했다. 아이들은 루트나 씨 어머니와 남편의 어머니가 한 명씩 맡아 돌본다고 했다. 루트나 씨의 남편은 내게 휴대폰에 저장된 딸의 사진을 보여주었다. 학예회에서 토끼 분장을 한 모습이었다. 귀엽다고 하자 부부는 아이들이 너무 보고 싶다고 했다.

2018년, 니몰 씨와 루트나 씨는 같은 깻잎 밭에서 일했고, 둘 다 고용주에게 몇 달 동안 월급을 받지 못했다. 당시 니몰 씨는 '합법' 체류 상태라 고용주를 노동청에 신고하고 밀린 월급을 받았지만 루트나 씨는 '불법' 체류 상태라 밀린 월급을 포기하고 다른 사업장으로 갔다. 루트나 씨에게 못 받은 돈이 얼마인지 물으니 손을 저으며 말했다.

"몰라요. 얼마인지도 몰라요."

"미등록 노동자도 월급 못 받으면 고용주를 신고해서 월급을 받을 수 있어요."

"몰기요. 분법 사람은 무서워요."

고용주가 출입국관리소에 신고해 추방당할까 봐 루트나 씨는 노동청 조사를 포기한 듯했다.

루트나 씨 부부는 지금 농장에서 둘이 합쳐 월급 420만 원을 받고 일한다고 했다. 기숙사비도 없었다. 대부분의 돈은 아이 양육비와 가족 생활비로 부모님에게 보낸다고 했다. 루트나 씨는 차곡차곡 모은 돈으로 방콕 근교에 집을 지었다며 휴대폰

속 사진을 보여주었다. 빨간색 울타리와 담장이 있는 1층짜리 집이었고 한 눈에 보기에도 꽤 컸다. 루트나 씨는 이 집에서 아이들과 하루 빨리 같이 살 날이 오길 바라지만 그 날이 언제 올지는 모르겠다고 말했다.

"나는 여기에서 2년 더 일해요. 그리고 태국 갈 거예요. 그렇게 하면서 벌써 7년이 흘렀어요."

그는 2년 뒤에는 정말로 태국으로 돌아가고 싶다고 말했다.

루트나 씨는 계속해서 태국 음식들을 꺼내 왔다. 태국식 마늘장아찌는 물론이고, 코코넛 음료, 향신료 등을 맛보라며 꺼내 왔다. 교통편이 불편해서 시내에 있는 '아시아마트'에 가기 어려울 텐데 언제 이렇게 식재료를 사 왔냐고 물어보니 루트나 씨는 다 방법이 있다고 했다.

"한 달에 한두 번씩 태국 식재료 차가 여기 앞에 와요. 여기 공터에 몇 시에 온다고 연락이 돌면 여기 주변에 사는 태국 사람들이 장을 봐요. 만약 돈이 없어서 음식을 사기 어려우면 외상으로 사도 괜찮아요. 여기에서 못 구하는 물건이 없어요."

루트나 씨가 보여준 사진에는 꽤 큰 탑차가 보였고, 차 아래에는 망고, 코코넛 같은 과일부터 태국의 식재료가 가득 담겨 있는 녹색 플라스틱 바구니들이 정렬되어 있었다. 루트나 씨 남편이 내게 태국 음식을 좋아하느냐고 물었고, 나는 없어서 못 먹을 만큼 좋아한다고, 서울에서 친구들과 자주 태국 음식점에 간다고 말했다. 루트나 씨가 무슨 음식을 좋아하는지 물어 나는 생각나는 대로 음식 이름을 늘어놓았다. "똠양꿍, 솜땀, 푸팟퐁 커리, 팟타이, 카오팟, 정말 맛있어요." 루트나 씨는 내일 음식을 만들어줄 테니 다시 오라고 했다. 일하고 피곤한데 음식까지 만들어야 하는 수고가 미안해서 괜찮다고 사양했지만 루트나 씨는 거듭 나를 초대했다. 옆에 있던 니몰 씨도 웃으며 한마디 덧붙였다.

"언니는 요리를 정말 잘해요."

루트나 씨 남편이 옆에 있는 상자에서 무언가를 꺼냈다. 코코넛이었다. 그는 한 손으로 코코넛을 돌려가며 다른 한 손으로는 칼로 코코넛 윗부분을 쳐냈다. 이윽고 코코넛 뚜껑이 열리고 그 안에 코코넛워터가 찰랑하며 나타났다. 거기에 빨대를 꽂아서 내게 먹으라고 건넸다. 내가 조심스레 받쳐 들고 연신 감사하다고 외치며 코코넛워터를 먹었다.

"어니 맛있어요? 이거 태국에서는 안 비싸요. 그런데 여기는 비싸요. 하나에 2천5백 원 정도 해요. 태국에서는 정말 싸요."

루트나 씨는 코코넛, 파파야 등 동남아에서 구할 수 있는 과일을 종종 택배로 주문한다고 했다. 나는 숨도 안 쉬고 단숨에 코코넛워터를 들이켰다.

"언니, 이거 좋아해요?"

니몰 씨는 내가 다 먹은 코코넛 안쪽의 흰 과육을 숟가락으로 조금 긁어서 주었다. "정말 좋아해요." 내 대답이 떨어지기 무섭게 니몰 씨는 숟가락 앞부분을 엄지손가락으로 잡더니 본격적으로 안쪽 과육을 힘차게 벗겨내기 시작했다. 그렇게 코코넛 안쪽 과육까지 싹싹 먹었다.

해가 떨어지면 사람도 다니지 않는 작은 농촌 마을에서 태국과 캄보디아에서 온 사람들과 삼겹살에 김치를 얹어 먹으며 코코넛을 마실 수 있을 거라고 생각도 못 했다. 처음 보는 루트나 씨 부부에게 이런 환대를 받으리라고는 더더욱 생각도 못 했다.

"새끼야, 새끼야, 그거 무슨 뜻이에요?"

다음 날 농장 일을 마친 니몰 씨와 다시 만나서 집 근처에 있는 동네 마트로 향했다. 오후 6시가 넘었지만 10월의 가을밤은 금세 저물어 사방이 어두웠고 저 멀리 마트만 환하게 불이 켜져 있었다. 나도 저녁식사에 가져갈 음식을 사고 싶어 마트 안을 둘러보았는데 태국이나 캄보디아 식재료가 없어서 무엇을 사야 할지 난감했다. 잠시 뒤 루트나 씨와 남편이 오토바이를 타고 마트에 왔다. 루트나 씨가 술이 없다고 해서 맥주 한 박스를 산 뒤 우리는 루트나 씨 친구네 집으로 향했다.

작은 마을에서 벗어나 비닐하우스가 펼쳐진 시골길을 차로

달렸다. 비닐하우스 수백 동이 펼쳐진 풍경이 눈에 들어왔다. 그중 한 비닐하우스 문을 열자 새콤달콤한 맛있는 냄새가 확 풍겨 왔다.

비닐하우스 안 공간은 넓었다. 입구 바로 왼편에는 여덟 명 정도가 앉을 수 있는 탁자와 의자가 놓여 있었다. 오른편에는 검은색 전선들이 마구잡이로 얽혀 있었고 설비 조작판도 있었다. 그곳이 따뜻한지 고양이들이 올라앉아 꾸벅꾸벅 졸았다. 근처에는 가정용 가스통 하나와 그보다 더 큰 가스통 두 개가 있었고 그 옆에는 냉장고가 있었다. 이 모든 것이 입구 쪽에 모여 있어서 만약 화재라도 나면 큰 사고로 이어질 수 있어 대단히 위험해 보였다. 안쪽에는 얇은 패널로 지은 방이 두 개 있었고 태국 부부가 한 방씩 쓴다고 했다.

부엌에서는 여성들이 모여 바쁘게 음식을 만들고 있었다. 태국식 샐러드인 파파야, 피쉬 소스와 레몬을 버무린 솜땀부터, 쌀국수를 볶아서 그 위에 숙주를 얹어서 만든 팟타이, 닭고기 구이, 태국식 얇은 면을 샐러드와 같이 무친 얌운센, '끄라띱'이라고 해서 대나무 통 안에 한가득 담겨 있는 찹쌀밥, 버섯볶음, 코코넛을 얼려서 만든 디저트까지 음식이 끊임없이 나왔다. 모두들 둘러앉아 밥을 먹었다. 옆에 앉은 루트나 씨가 대나무 통 안 찹쌀밥을 한 주먹 쥐더니 손으로 동글동글하게 다져서 사람들의 접시에 놓았다. 나도 접시를 내밀었고 루트나 씨는 찹쌀밥 한 덩어리를 주었다.

시끌벅적하게 이야기하며 음식을 먹고 있는데 갑자기 모두 내 얼굴을 보았다. 나는 영문을 몰라 숟가락을 멈췄다. 태국어와 캄보디아어를 할 줄 아는 니몰 씨가 통역해주겠다고 했다.

"사람들이 물어봐요. '새끼야' 이거 무슨 말이에요?"

순간 얼굴이 화끈거렸다. "사장님이 '새끼야'라고 말해요?" 모두들 그렇다고 했다.

"사장님이 '새끼야, 새끼야'라고 해요. 근데 뭔 말이에요?"

휴대폰 번역 앱에 영어로 'baby animal'이라고 써서 태국어와 캄보디아어로 각각 번역된 말을 보여주었다. "원래는 '새끼'는 '새끼 동물'이라는 말이에요. 그런데 사람한테 쓰면 조금 나쁜 말이에요. 기분 나쁜 말 맞아요."

내가 떠듬떠듬 캄보디아어로 말하자 니몰 씨가 태국어로 통역해주었다. 내가 한 말도 아닌데 갑자기 가시방석에 앉은 기분이 들었고 괜스레 미안해서 고개도 못 들었다. 다들 이해한 듯 고개를 끄덕이고 잠시 적막이 흘렀다.

고용주는 이주노동자들을 다양한 방식으로 불렀다. 친근하게 이름을 부르는 경우도 있었고, 이름이 길면 줄여서 부르기도 했다. 나이에 따라 "우리 첫째 애, 둘째 애"라고 부르기도 했다. 좀 더 험한 단어를 사용하는 경우도 많았다. 어떤 고용주는 "저 년이 말이야." 하고 대화를 시작했다. 물론 '저 년'은 그가

고용한 노동자였다. 사투리 '가시나'에 꼬박꼬박 '년'이라는 단
어를 붙여 '가시나년'이라고 부르던 고용주도 있었다.

한 고용주는 이주노동자들을 '직원'이라고 불러 놀란 적이
있는데, 왜 그렇게 부르냐고 물으니 이유가 간단했다.

"우리 직원이니까요. 그런 일이 있었어요. 다른 농장에 가서
일을 하면 그쪽 방식대로 일을 하라고 지시를 받아요. 우리 직
원들이 우리 집에서 채소를 작업하는 방법대로 열심히 하고 있
는데 그쪽 사장이 왜 그렇게 하느냐고 우리 직원들한테 잔소리
를 하면 나는 속상할 것 같아요.

지난 번 겨울에 일이 없다 보니까 우리 직원들이 다른 곳에
가서 일을 했어요. 저도 같이 갔거든요. 비닐하우스 안에서 다
같이 모자를 쓰고 있으니까 모두 외국인인 줄 알았나 봐요. 한
참 일을 하고 있는데 아줌마가 와서 막 쌍욕을 하면서 '이 새끼
들, 저 새끼들' 하는 거예요. 그때 내가 우리 직원들 다른 데 보
내며 안 되겠다 생각했어요. 내가 모자와 마스크를 벗고 말씀
이 지나치신 것 아니냐고 했어요. 그 아주머니가 '아이고 한국
사람이셨네요.' 그러는 거예요. 한국 사람이든 외국 사람이든
그러면 안 되잖아요.

일을 못해서 욕하는 게 아니라 그냥 고함을 지르는 거예요.
그러면 더 빨리할까 싶어서 그러는 건데, 농민들도 그런 부분에
서 문제가 있어요. 못하면 못할 수도 있지, '이 새끼, 저 새끼, 집

에 가!' 막 집에 가라고 해요. 얼마나 속상해요. 말을 못 알아들으니까 그나마 덜 하지요. 만약에 다 알아들었으면 얼마나 속상하겠어요. 제가 정말 속상했어요. 그래서 이제는 다른 곳에 일 절대 안 보냅니다."

'불법 체류자'에서
'미등록 이주민'으로

'미등록 이주민'이라는 이름

한국 정부는 그동안 외국인 등록을 하지 않거나 초과 체류하는 이주민을 단속과 추방의 대상으로 보고 '불법 체류자'라 지칭했다. 여기서 '불법 체류'란 무슨 의미일까? 정부 문서에서 '불법 체류'에 관한 정확한 정의를 찾기는 어렵다. 다만 출입국 관리법 제17조에 '외국인의 체류 및 활동범위'를 규정하는데, '불법 체류'는 이 조항을 위반한 것으로 볼 수 있다. 법무부에서 매년 <출입국·외국인정책 통계연보>를 발간해 여기에 '불법 체류자'와 '출입국 사범'을 포함한 통계를 발표하지만 정확한 개념 정의는 찾아보기 어렵다. 통계청에서는 '불법 체류 외국인'을 "체류 외국인 중 체류 기간 연장 허가 등을 받지 않고 체류 기간이 도과된 외국인"으로 정의하고 이와 관련된 지표를 발표한다. 종합하면 법무부와 통계청에서는 '불법 체류'를 체류 기간이 지났는데도 출국하지 않고 머무는 상태로 규정한다고 할 수 있다.[46]

그러나 오래전부터 유엔, 국제노동기구, 국제이주기구, 유럽연합 등 국제 사회에서는 초과 체류한 이주민을 '불법 체류자'라 부르는 것은, 그들을 '불법'적인 존재로 낙인찍어 혐오를 조장하기에 '미등록' '비정규' 같은 중립적인 용어로 써야 한다는 논의가 제기되어 왔다. 초과 체류의 문제는 행정 절차 위반이지 형사상 범죄가 아니기 때문에, 체류 문제가 적발되면 정부가 정한 절차에 따라 조치를 취하면 된다. 교통 법규를 위반한 운전자에게 '불법 운전자'라고 하지 않듯이, 초과 체류한 이주민에게 '불법 체류자'라고 할 필요가 없다. 국내 인권·이주단체에서도 사람의 존재 자체가 '불법'일 수 없기 때문에 '불법 체류자' 대신 '미등록 이주민' '미등록 노동자'라는 표현을 사용해 왔다. 국가인권위원회는 '미등록 체류자' '미등록 노동자'라는 표현을 권고했다. 그러나 정부에서 공식적으로 이런 단어를 사용하지 않았다. 그러다 코로나19가 많은 것을 바꾸어놓았다. 감염병은 성별, 국적, 인종, 체류 자격을 가리지 않았다. 한국 사회에서 없는 존재로 취급받던 사람들이 감염병 관리 대상으로 떠오른 것이다.

코로나19 확진자 수가 점점 많아지던 2020년 3월, 초과 체류자들은 마스크를 구입할 수 없었다. 당시 정부는 출생 연도에 따라 공적마스크 5부제를 시행했는데, 내국인과 마찬가지로 외국인도 신분증(외국인등록증과 건강보험증)을 들고 약국에 가면 구입할 수 있었지만, 초과 체류자들은 신분증이 없거나 만료되었기 때문에 구입이 불가능했다. 이들의 감염 가능성이 사회적 문제로 떠오르자 정부는 2020년 4월 20일 한 달이나 지난 시점에 초과 체류자들도 마스크를 구입할 수 있도록 허용했다.

여기에 더해 2020년 4월 29일, 당시 정세균 국무총리는 중앙재난안전대책본부 회의에서 '미등록 외국인'이라는 표현을 사용했다. 국가 기관에서 멸칭에 가까운 '불법 체류자'라는 용어 대신에 처음으로 '미등록'이라는 표현을 쓴 것이다. 이러한 변화는 미등록 이주민들이 '불법 체류자'라는 인식에 갇혀 사회로부터 숨어버릴 경우 감염병 확산 상황 속에서 사회 전체가 감염 위험에 처할 수도 있다는 우려 때문이었다.

"우리나라에 약 38만여 명의 미등록 외국인들이 체류하고 있는 것으로 파악하고 있다. …… 하지만 이들을 불법 체류자로 내몰고 단속할 경우에는 깊숙하게 숨기 때문에 오히려 사각

지대가 더 커질 우려가 있다. …… 출입국 관리보다는 방역 차원에서 접근하는 것이 필요하고 감염을 예방하고 확진자를 조기에 발견할 수 있도록 의료 접근성을 확대하는 것에 중점이 주어져야 한다."[47]

정부는 미등록 이주민도 코로나19 감염이 의심되면 공공보건의료기관에서 무료로 검사받을 수 있고 확진될 경우에 무료로 치료받을 수 있도록 했다. 법무부에서는 담당 공무원이 이들의 체류 자격과 신상 정보를 안다고 하더라도 출입국·외국인관서에 통보할 의무가 면제된다고 발표했다. 이 통보 의무 면제는 코로나19로 인해 만들어진 것은 아니었다. 2012년 개정된 출입국관리법 제84조에 이미 명시되어 있다. 공무원이 미등록 체류자를 발견할 경우 지방출입국·외국인관서의 장에게 알려야 하지만, "공무원이 통보로 인하여 그 직무 수행 본연의 목적을 달성할 수 없다고 인정되는 경우"에는 의무가 면제된다. 최홍조 건양대 교수는 2021년 4월에 열린 '긴급 점검! 코로나19와 인종 차별 토론회'에서 통보 의무 면제가 아니라 통보 '금지'를 해야 한다며 비판의 목소리를 높였다.

"지금까지 이주민들이 그 법이 있는지도 모르고 10년 넘게 살아 왔죠. 그래도 감사하죠. (통보 의무 면제에 대해) 열심히 홍보를 하시고, 여러 언어로 번역해서 게시하는 것도 고맙죠. …… 하지만 반성하셔야죠. 코로나19가 아니었으면 지금도 '통보 의무 면제'를 하지 않았겠죠. 덧붙여 통보 의무 면제가 아니라 금지를 해야 합니다. 저는 이거는 고려해 보셔야 한다고 생각합니다."

미등록 이주민이 코로나19 검사나 백신을 접종하기 위해 보건소와 병원에 방문할 경우, 공무원들이 이들의 미등록 체류 사실을 알게 되더라도 통보 의무가 '면제'되기 때문에 통보할 필요가 없지만 통보를 할 수도 있다. 반면 통보를 '금지'하게 되면 미등록 이주민은 신고당할 걱정 없이 의료 기관을 찾을 수 있을 것이다.

코로나19에 함께 대처하기 위해서 국경 안에 누가 사는지, 지역 사회와 마을 안에 누가 살아가고 있는지 생각해볼 수 있는 계기가 마련되었다고 생각한다. '불법 체류자'라고 혐오와 낙인의 대상이자 보이지 않던 사람들이 이제 '미등록 체류자'로 지역 사회에 살아가고 있다는 것이 보이기 시작했다. 미등록 세규지, 미등록 이주민이 안전할 때, 다른 사회 구성원 또한 안전할 수 있다는 것이 확인되었다. 이로부터 우리 사회는 미등록 이주민을 사회 구성원으로 포용하는 계기로 삼아야 할 것이다.

미등록 이주민은 한국 사회에서 깊숙이 자리를 잡고 살고 있다. 소도시, 공업 도시, 농촌에 가면 많은 미등록 노동자들을 볼 수 있다. 2020년 기준 약 39만 명이 우리 사회에 이미 존재하고 있다. 그렇다면 한국 사회에 있는 사람들이 편히 살아갈 수 있도록 경로를 마련해주는 것은 어떨까? 미등록 이주민들에게 당장 국적을 취득할 자격을 주자는 것이 아니다. 이미 한국 사회에 살아가고 있으니 구성원이라는 것을 인정하고 이들에게 최소한의 법적 보호 장치라도 마련해주자는 말이다.

여전한 불심 검문

2012년 4월, 쏘리야(가명, 40대) 씨는 고용허가제로 한국에 들어왔다. 그가 처음 일한 곳은 충주의 한 채소 농장이었다. 근로계약서에는 하루 8시간 일을 한다고 적혀 있었지만 매일 새벽 6시부터 오후 7시까지 점심시간을 제외하고 하루 12시간 일해야 했다. 사업주는 계약서에 적힌 105만 원(2012년 최저 시급 4,580원)을 주지도 않았다. 하루 12시간을 일하고 한 달에 두 번 쉬면서, 그가 받은 월급은 87만 원이었다. 쏘리야 씨는 그중 5만 원만 생활비로 쓰고 나머지는 가족에게 보냈다. 어머니는 딸이 부쳐준 돈을 받기 위해서 자신의 이름으로 된 통장을 처음으로 만들었다.

쏘리야 씨는 자신이 월급을 너무 적게 받고 있다는 사실을 알고 노동청에 도움을 요청했다. 그러나 그때마다 담당 공무원은 사업주와 화해하라는 말만 할 뿐이었다. 그러다가 '지구인의 정류장'이라는 단체에서 이주노동자들을 도와준다는 이야기를 전해들었다. 그는 김이찬 감독에게 도움을 받았고, 또 자신뿐만 아니라 많은 캄보디아 노동자들이 제대로 임금을 받지 못하고 있는 현실도 알게 되었다. 개인의 문제가 아니었던 것이다.

2013년 쏘리야 씨를 포함한 캄보디아 노동자들과 '지구인의 정류장'이 힘을 모아 '크메르노동권협회'를 만들었다. 쏘리야 씨는 사람들의 적극적인 지지로 회장을 맡았다. 그는 농장에서 일을 하면서 동시에 다른 노동자들의 임금 체불 문제를 돕고 고용허가제의 문제점을 알리기 위해 무던히 애를 썼다.

2017년 쏘리야 씨는 유학(D-4) 비자로 다시 한국 땅을 밟았다. 그에게는 한국어를 배우면서 노동자들을 돕겠다는 꿈이 있었다. 이주노동자들에게서 임금 체불 문제로 전화를 받으면 어떻게 증거를 모으고, 어떤 절차를 밟아야 하는지 알려주었고, 특히 힘내라고 북돋아주었다. 그해 12월 세계이주노동자의 날을 기념해 열린 '이주노동자대회'에서는 사업주의 임금 체불과 비닐하우스에 살면서 한 사람당 월세를 25만~30만 원씩 내는 상황에 대해 비판하는 목소리를 높이기도 했다.

쏘리야 씨는 또 '크메르노동권협회'에서 운영하는 여성 쉼터를 관리하면서 집이 없는 여성 노동자들이 머물 수 있게 했다.

캄보디아 명절이 되면 이주노동자들과 같이 장을 봐서 요리도 척척 해냈다. 그는 낯선 땅에서 외롭게 일하는 캄보디아 이주민들에게 일종의 울타리 같은 존재였다.

그러던 중 2019년 비자 만료를 앞두고 경제적인 문제로 쏘리야 씨는 초과 체류를 결심했다. 경상도의 식당에서 강원도 채소 농장까지, 쏘리야 씨는 여러 지역에서 일자리가 필요하면 최저임금보다 낮은 임금을 받으면서까지 열심히 일을 해 가족들에게 돈을 보냈다.

2020년 11월, 쏘리야 씨를 다시 만난 곳은 경기도 화성의 외국인보호소였다. 코로나19가 한창이던 시기에 그는 경기도의 한 공장에서 마스크 만드는 일을 했다. 평소보다 작업이 일찍 끝나서 공장 사람들과 같이 시장에 가려고 버스를 탔다. 정류장에 내렸을 때 단속반의 불심 검문에 걸렸고 그대로 외국인보호소에 구금되었다. 코로나19로 각국이 국경을 봉쇄해 대부분의 사람들이 이동할 수 없음에도 불구하고 미등록 이주민을 쫓아내기 위한 불심 검문은 그대로였다. '불법 체류자'에서 '미등록 외국인'으로 말은 바뀌었지만 현장에서 여전히 이들은 내쫓아야 할 대상이었다.

나는 소식을 듣고 바로 화성으로 달려갔다. 면회 신청 후 소지품을 맡기고 배정받은 작은 방 안으로 들어갔다. 정면에 두꺼운 유리판이 있었고 오른쪽에는 하얀색 인터폰이 있었다. 쏘리야 씨가 방 안으로 들어왔다. 위아래 연한 녹색 옷을 입고 있었고, 등 뒤에는 '외국인보호소'라는 글자가 적혀 있었다. 파란색 덴탈마스크 뒤로 얼핏 보이는 쏘리야 씨의 얼굴이 많이 피곤해 보였고 어깨가 축 처져 있었다. 허용된 면회 시간은 20분이었다. 쏘리야 씨는 인터폰을 들고 그간의 사정을 이야기하다 이내 울음을 터뜨렸다.

"마스크 공장에 불법 사람도 많고 합법 사람도 있어요. 한국 사람들이 공장에서 일하기 싫어해서 우리 외국 사람이 가서 일을 해요. 우리 월급 조금 받고 일해요. 내가 하고 싶은 건 돈을 벌어서 한 달에 5백 달러(약 55만 원)를 캄보디아 가족에게 보내는 거예요. 그게 전부예요."

쏘리야 씨에게 남은 선택지는 본국에 돌아가는 것뿐이었다. 결국 한 달 뒤 그는 캄보디아로 떠났다.

외국인 전수 검사라는 차별

경기도는 2021년 3월 8일부터 22일까지 15일간 도내 외국인 고용 사업주와 외국인 노동자를 대상으로 코로나19 진단 검사를 실시하는 행정 명령을 내렸다. 검사는 무료로 진행되며 미등록 이주민도 진단 검사를 받아야 하는데, 단속을 비롯한 어따한 불이익도 없을 것이라고 했다. 서울시도 2021년 3월 17일부터 31일까지 15일간 코로나19 확산 방지를 위한 외국인 노동자 진단 검사 행정 명령을 내렸다. 사업주, 외국인 노동자, 미등록 이주민이 검사 대상에 포함되었다. 행정 명령에 따르지 않을 경우 2백만 원 이하의 벌금을 낼 수도 있고, 코로나19에 감염되면 방역 비용에 대해 구상권이 청구될 수 있다고 했다. 이어서 인천시, 강원도, 전라남도, 경상북도 등 전국의 지방자치단체에서 외국인 노동자를 대상으로 한 전수 검사 행정 명령을 발표했다.

'외국인 노동자 코로나19 전수 검사'는 즉각 논란을 불러일으켰다. 2021년 3월 19일, 인권·시민·사회단체들은 "'외국인 노동자 대상 코로나19 전수 검사' 행정 명령을 철회하고, 인권의 원칙에 기반한 방역 정책을 수립하라"라는 공동 성명서를 발표했다. 성명서는 지방자치단체의 행정 명령이 이주노동자 혐오와 인종 차별에 기인한 것이라고 비판하며, 정부가 이주노동자의 열악한 노동 환경과 주거 환경을 개선해 안전한 환경을 만들어 코로나19 전파를 막아야 함에도, 이런 필요성에 대해서는 눈을 감고 있다고 지적했다. 또한 '모든 외국인 노동자'가 일괄적으로 검사를 받도록 한 행정 명령은 마치 바이러스 확산과 증가세가 외국인 노동자에게 있는 것처럼 비춰질 수 있기에 적절하지 않다고 주장했다.[48]

서울시 인권위원회의 입장도 비판적이었다. "코로나19 확산 방지를 위한 외국인 노동자 진단 검사 행정 명령 조치는 외국인 노동자를 합리적 이유 없이 차별한 것으로, 노동자의 국적 여하에 관계없이 비차별적인 내용으로 수정·변경하고 향후 이와 같은 차별 및 인권 침해가 재발하지 않도록 조치할 것을 권고"했다. 사이먼 스미스 주한 영국 대사는 언론과의 인터뷰를 통해 "영국 대사관은 이런 조치가 불공정하고 반비례적이며, 효과적이지 않다는 것을 한국 정부와 서울시, 경기도에 분명히 전달"했다고 밝히기도 했다.[49]

국적으로 따지면 한국에서 코로나19에 가장 많이 걸리는 집단은 한국인이다. 한국인의 수가 가장 많기 때문이다. 그렇다고 한국인을 대상으로 삼아 전수 검사를 실시하지는 않는다. 어떤 합리적인 이유도 없이 '외국인 노동자'라는 특정 집단을 지목하고 모두 강제로 검사받게 하는 것은 국적을 이유로 한 명백한 차별 행위이다. 코로나19 감염은 국적, 인종, 성별 등에 따라 거의 차이가 없음이 과학적으로 명백해지고 있다. 이주민이 코로나19에 걸리는 것은 그들이 '외국인 노동자'라서가 아니라, 그들이 생활하는 숙소가 열악하고 밀집되거나 밀폐되어 있기 때문이다. 노동 환경이나 생활 환경의 개선을 도모하지 않은 채 단순히 국적을 기준으로 일괄적으로 검사하는 것은 합리적이지 않다.

"불법인 사람은 없다"

2021년 2월, 질병관리청은 건강보험에 가입한 '장기 체류' 외국인은 내국인과 동일하게 백신 접종을 할 수 있다고 발표했다. 이에 건강보험에 가입하지 않은 단기 체류 외국인, 미등록 이주민, 난민 신청자는 백신 접종 대상자에서 제외된다는 우려와 비판의 목소리가 커졌다. 결국 두 달 뒤 2021년 4월 6일, 코로나19 예방접종대응추진단은 체류 자격에 상관없이 전체 이주민에게 백신 접종을 할 계획이라고 발표했다.

2021년 6월 21일, 이주인권단체들은 '코로나19 이주민 백신 접종에 대한 이주인권단체 공동 의견서'를 내고 백신 접종에서 나타나는 이주민 차별 정책을 비판하며 시정을 촉구했다.[50] 공동 의견서에는 다양한 언어로 백신 접종에 대한 안내가 제공되어야 할 뿐만 아니라 이주민의 백신 접종을 돕는 현장 담당자가 필요하며, 접근이 어려운 도서 지역에는 이동 서비스를 도입하고, 미등록 이주민을 위해 지원 단체와 연계해 대리 예약 같은 방법을 시행해야 한다고 주장했다.

실제로 중앙재난안전대책본부나 질병관리청은 한국어와 영어로만 정보를 제공해 많은 이주민이 언어 장벽으로 인해 코로나19와 관련된 정보를 얻는 데 어려움을 겪고 있었다. 반면 미국의 질병통제예방센터(CDC)는 한국어를 포함해 65개 언어로 코로나19 백신 관련 정보를 제공해 다양한 민족의 사람들이 이용할 수 있도록 했다. 심지어 한 활동가는 코로나19에 걸린 뒤 완치 판정을 받았지만 후유증과 관련된 정보를 얻기 위해 미국 질병통제예방센터 한국어로 된 홈페이지를 찾아봤다고 했다. 실제로 홈페이지에는 코로나19 감염 검사, 증상 발현, 백신 접종 등 다양한 관련 정보가 한국어로 자세히 나와 있다. 이렇게 국가별 언어로 정보를 제공한다면 감염병에 관한 괜한 오해와 두려움을 낮출 수 있을 것이다.

몽골 출신 여성 노동자 졸자야(가명, 40대) 씨를 처음 만난 곳은 인력사무소 앞이었다. 머리는 언더컷에 아래에는 스크래치를 냈고 위에는 금발로 염색되어 있었다. 키도 훤칠했고 덩치도 있었다. 인터뷰에 응한 졸자야 씨는 현재 미등록 체류로 인력사무소를 통해 일자리를 소개받으며, 마늘, 양파, 사과, 딸기부터 가구 공장, 육류 포장 작업, 식당 일, 모텔 청소까지 안 해본 일이 없을 정도라고 했다. 그는 휴대폰으로 '얀센백신 접종자 대상 추가 접종 안내' 문자가 온 것을 보여주며 말했다.

"내가 불법 체류 상태라서 특별히 건강에 신경 써야 해요. 코로나 걸리면 일을 못 하고 돈을 못 벌어요. 우리는 불법이라서 아프면 병원에 가기 어려워요. 아프면 안 돼요. ……

우리가 코로나 걸리면 한국 사람도 걸릴 수 있으니까 우리는 백신을 다 맞아요. 그런데 백신 맞으러 가서 경찰에 잡히면 다른 사람들이 안 가요. 일단 백신 접종은 해야 해요. 그리고 단속은 나중에 해야 해요. 사람들이 잡히면 SNS에 올리기 때문에 백신 접종하러 안 가요. 외국인이 코로나 걸리면 한국 사람도 걸리잖아요. 그거 위해서도 잡기는 나중에 해야 해요."

한 연구에서도 단속과 추방을 걱정하는 미등록 이주민이 정부 정책을 신뢰하고 백신 접종을 하도록 하기 위해서는 그들의 심리적 장애물을 없애고 정부 정책에 대한 신뢰감을 형성하는 것이 중요하다고 지적했다.[51] 법무부도 백신 접종률을 높이기 위해 다음과 같이 홍보했다. "외국인이 안심하고 코로나19 검사 및 백신 접종을 받을 수 있도록 단속 및 출국 조치 등을 하지 않습니다. 불법 체류 외국인의 어떠한 정보도 출입국관서에 통보되지 않습니다. 안심하고 코로나19 검사 및 백신 접종을 받으세요."[52] 외국인등록번호가 없는 사람은 보건소에 가서 여권을 제시하고 임시 관리 번호를 받은 후 그 번호로 백신 접종 예약이 가능했다.

코로나19라는 감염병은 체류 지위와 상관없이 사회 전체 구성원이 안전할 때야 비로소 나도 안전할 수 있다는 것을 분명하게 드러냈다. 우리는 마스크 구매, 전수 검사, 치료, 백신 접종과 관련된 이슈를 통해 '불법'이건 '합법'이건 한국 사회를 구성하고 있는 이들에 대한 배제는 우리 사회 전체의 건강을 저해한다는 사실을 반복해서 배웠다.

사실 어떤 이주민도 '불법 체류'를 원하지 않는다. 인간 자체가 '불법'일 수도 없으며 존재 자체가 '불법'이 될 수도 없다. "불법인 사람은 없다(No one is illegal)." 우리는 이 구호의 의미를 되새겨야 한다.

코로나 시대에
우리가 배울 수 있는 것

이주민의 값싼 노동력에 기대는 사회

이주민, 특히 미등록 이주민과 관련한 기사에 가장 많이 달리는 댓글이 있다. "너희 나라로 가." 심지어 인권과 차별에 대해 이야기할 때도 사람들은 말한다. "힘들면 너희 나라로 가."

그러나 우리는 이주민(외국인)이 선주민(내국인)이 일하고 싶어 하지 않는 자리를 메우고 있음을 기억해야 한다. 우리가 마트에서 사는 식품들, 음식점에서 사 먹는 반찬들은 밭에서, 공장에서 일하는 이주민들의 손을 거쳐 온다. 한국인의 얼이 담긴 '김치'는 베트남, 태국, 캄보디아 이주노동자의 손을 거쳐 만

들어진 지 이미 오래다. 그들 중에는 미등록 노동자도 당연히 포함되어 있다.

우리 사회에 이주민이 없다고 상상해보자. 한국인들은 더는 열악한 환경 속에서 최저임금에 준하거나 그보다 못한 돈을 받고 일하려 하지 않는다. 이주민이 없다면 자연스레 인건비가 올라갈 것이고, 올라간 인건비는 우리 밥상과 온갖 필수품에 고스란히 반영될 것이다. 물가가 지금보다 두세 배 오른다면 우리는 과연 쉽게 감당할 수 있을까?

코로나 시대에 우리 마스크가 K-방역의 상징으로 떠올랐고 수출길에 올랐다고 언론들이 자화자찬을 했다. 그러나 그 마스크에는 이주노동자의 땀이 배어 있다. 마스크 공장에서 일을 하는 이주노동자가 없다면, 1천5백 원도 비싸 보이던 마스크에 우리는 3천~4천 원을 지불해야 할지도 모른다.

이주민들은 출입국관리법상에 등록되건 등록되지 않건 분명 한국 사회에서 살아가고 있다. 한국에서 코로나가 걱정되어 마스크를 구입하고 시장에 가서 장을 보고 식당에서 밥을 먹는 한 이주노동자의 보이지 않는 노동을 벗어날 방법은 없다. 대한민국 사람들은 이주노동자의 값싼 노동력에 기대어 살고 있는 것이다.

함께 살아가는 법

우리는 코로나 '이후'를 논의하기 전에 코로나와 '함께' 오는 것들에 대해 상상력을 발휘해야 한다. 코로나 시대는 공존, 곧 함께 살아가는 방법이 요구되는 시대이다. 함께 살아가는 대상에는 미등록 이주민도 예외가 아니다. 어떤 잣대로 누군가를 '배제'한다면 우리도 그 '배제'의 대상이 될 수 있음을 알아야 한다. 다른 국가들은 미등록 이주민을 포용하는 정책들을 내놓기 시작했다. 그 바탕에는 '이주민도 사회 구성원'이라는 인식이 자리 잡고 있다.

2020년 4월, 일본 정부는 외국인을 포함해 일본에 거주하는 모든 이들에게 한 사람당 10만 엔(약 113만 원)의 현금을 지급하기로 결정했다. 몇몇 업종의 경우 이주노동자가 코로나19로 해고당하면 취업 가능한 특정 활동 비자로 변경해 1년 더 일본에 머물 수 있도록 했다. 더 나아가 2021년 11월 18일, 일본 정부는 농업, 어업, 외식업 등 노동력이 부족한 14개 업종에 취업한 외국인들은 기한 제한 없이 체류하며 취업하고 이들의 가족도 함께 일본에 머물 수 있도록 하는 정책을 검토 중이라고 발표했다.[53] 이 정책은 빠르면 2022년 4월부터 시행될 것으로 보인다. 일본 정부는 빗장을 걸어 잠그기보다 인력이 부족한 산업에 이주노동자가 필요하다는 것을 인정하고 적극적인 이주민

수용 정책을 펼치고 있다.

2020년 4월, 미국 캘리포니아주는 주(州) 최초로 미등록 이주민 15만 명에게 긴급재난지원금 5백 달러(약 61만 원)를 지급할 것이라고 밝혔다. 주지사는 캘리포니아는 다양한 인종들로 구성되어 있으며, 다양성이 이곳 주민들을 더 강하게 하고, 회복력 있는 사회로 만든다고 말했다. 또한 미등록 이주민들 또한 코로나19 위기를 함께 극복해 나아가야 할 구성원이라고 강조했다.[54]

같은 시기 뉴욕시는 미등록 이주민을 포함해 모든 뉴욕 거주자에게 재난지원금을 지급한다고 발표했다. 한 사람당 4백 달러, 한부모 가정에게는 8백 달러, 아이가 있는 가족은 1천 달러를 지원받을 수 있었다. 코로나19로 인해 직업을 잃거나 경제적 위기 상황에 놓인 약 2만 명의 미등록 이주민들이 이 지원의 혜택을 볼 것으로 추정되었다.[55]

2021년 미국은 '더 나은 미국 재건 법안(Build Back Better Act)'을 통해 미등록 이주민을 위한 더 적극적인 정책을 내놓았다. 초과 체류자 약 7백만 명에게 최대 10년간 체류 허가와 노동 허가 등을 제공하고, 이를 위해 1천억 달러를 투입하기로 했다. 세부적으로 보면 2011년 1월 1일 이전에 미국에 와서 10년 이상 장기 체류하고 있는 초과 체류자에게 2031년까지 10년간 추방 없이 미국에서 살며 일할 수 있도록 임시 체류 허가와

노동 허가, 운전면허증 취득 자격 등을 제공한다고 되어 있다.[56]

그러나 '더 나은 미국 재건 법안'은 물가 상승과 증세 우려로 원안대로 통과되지 못했고, 이 법안의 축소판인 '인플레이션 감축법(Inflation Reduction Act of 2022)'이 2022년 8월 16일 발효됐다. 이 법안은 기후 변화 대응 및 친환경 에너지 보급에 초점이 맞추어져 있으며 세제 개편, 의료비 지원 등이 담겨 있다. 다만 이주민에게 시민권을 부여하는 합법화의 길과 관련된 논의가 빠져 많은 이주인권단체들이 항의를 표했다.

미국의 많은 경제 전문가들은 트럼프 전 행정부에서 추진한 반이민 정책 때문에 노동자가 급격히 감소해 임금 인상이 일어났고, 이것이 물가 상승의 주요 원인 중 하나라고 지적한다. 따라서 친이민 정책을 통해 노동력이 증가하면 물가 상승 완화에 도움이 될 것이라고 주장하고 있다.[57]

유럽에서는 이주노동자들에게 일시적으로 체류 기간을 연장해주고 있다. 2020년 3월, 포르투갈 정부는 모든 이주노동자와 망명자들에게 한시적 거주 허가를 내주고, 이들이 의료 서비스에 접근할 수 있도록 했다. 2020년 5월, 에스파냐 북부의 과일생산자연합은 4만 명의 계절노동자를 당장 구하지 못한다면 이 지역의 농업이 붕괴될 것이라고 내다봤다. 이에 에스파냐 정부는 미등록 이주민이 농업 분야에서 일하는 것을 일시적으로 허용했다.

각국의 미등록 노동자를 포용하는 움직임은 그들의 열악한 노동 환경과 주거 환경을 개선하고 더 나아가 공공보건 서비스, 교육, 사회보장제도에 더 쉽게 접근할 수 있도록 한다. 코로나 이전에 미등록 이주민 합법화 모델은 인도주의나 노동 인구 감소에 대한 대응 방안으로 논의되어 왔는데, 감염병으로 인해 그 논의가 구체화되고 가속화되고 있는 것이다.

그렇다면 우리나라는 어떠할까? 2021년 1월에 부천시는 결혼이민자와 영주권자에게만 5만 원의 재난지원금을 지원했고, 안산시는 전국에서 처음으로 외국인 주민에게는 7만 원, 내국인 주민에게는 10만 원의 생활안정지원금을 지원했다. 서울시는 세대주가 취업·영리 활동이 가능한 비자를 소지한 경우에 한해서 외국인 긴급재난생활비 30만~50만 원을 지원했다. 2021년 지급된 제5차 재난지원금에는 영주권자와 결혼이민자가 포함되었고, 내국인과 같은 건강보험 자격을 갖고 있으며 소득 기준에 부합하는 외국인도 지원 대상이 되었다. 하지만 다른 장기 체류 외국인은 배제되었고, 미등록 이주민은 언급조차 없었다.

9년 넘게 '지구인의 정류장'과 '크메르노동권협회'에서 활동하면서 이주노동자의 노동권과 처우 문제를 한국 사회에 적극적으로 알려 온 쓰레이나 씨가 이주민의 상황에 대해 이렇게 말한 적이 있다.

"사장님들은 돈만 생각해요. 한국 사회는 돈만 우선시합니다. 옆에 있는 이주노동자가 사람이라는 것을 까먹나 봐요. 그리고 한국 사람들은 이주노동자를 많이 무시합니다. 이곳에서 이주민에 대한 차별 문제는 심각해요. 우리가 인간으로서 평등하다는 점을 꼭 기억했으면 좋겠습니다."

쓰레이나 씨는 코로나19 확산으로 인해 이주민, 특히 미등록 이주민에 대한 혐오 발언이 쏟아져 나오는 때에 이렇게 당부하기도 했다.

"미등록 노동자들도 임금 체불 문제를 많이 겪습니다. 사장님은 이들에게 최저임금을 주지 않고 일을 시키고, 월급을 주지 않는 경우도 많습니다. 한국 사람이 일하기 싫어하는 곳에 미등록 노동자들이 가서 일을 합니다. 어느 누구도 불법으로 살고 싶어 하는 사람은 없습니다. 어쩔 수 없는 상황 때문에 이런 선택을 한 사람들이라는 점을 꼭 기억해주셨으면 합니다."

코로나 시대에 세계 곳곳에서 미등록 이주민을 포함해 이주민과 살아갈 방법을 모색하고 있다. 어떤 곳은 재난지원금을 통해, 일시적 노동 허가를 통해, 시민권을 주는 방식을 통해 방법은 제각각이지만 공존을 도모한다는 원칙은 하나다. 한국에서도 이주민, 특히 미등록 노동자와 함께 살아가는 방법에 대해서 더 늦지 않게 이야기를 해야 한다. 이것이 우리가 코로나 시대를 건너며 배울 수 있는 가장 큰 교훈일 것이다.

1 고기복, "폭우 이재민 80퍼센트가 이주노동자, 이유가 기막히다," <오마이뉴스>, 2020년 8월 7일.

2 "외국인근로자 기숙사 정보 제공에 관한 규정," 고용노동부 홈페이지, 2019년 7월 22일.

3 정소희, 섹 알 마문 감독의 다큐멘터리 <비닐하우스는 집이 아니다>(2018)는 아시아미디어컬쳐팩토리(AMC Factory) 유튜브에서 볼 수 있다.

4 "제28차 외국인력정책위원회," 국무조정실 국무총리비서실 홈페이지, 2020년 12월 23일.

5 "(설명) 경향, 서울, 한겨레(12.24), '한파경보에 난방 고장, 비닐하우스 숙소서 이주노동자 숨져' 등의 기사 관련," 고용노동부 홈페이지, 2020년 12월 24일.

6 "2021년 9월 신규 외국인력 배정계획 안내," 고용노동부 □□□ 홈페이지, 2021년 8월 26일. 해당 웹페이지에 첨부된 '외국인근로자 기숙사 규정 강화 안내(21.8.20)'를 참고했다.

7 "농·어업 분야 고용허가 주거 시설 기준 대폭 강화," 고용노동부 홈페이지, 2021년 1월 6일.

8 "이주노동자 故속헹씨에 대한 산재 승인 결정, 늦었지만 다행," 정치하는엄마들 홈페이지, 2022년 5월 2일.

9 "MBC(4.9) '수천만 원 떼먹고도 당당… 빈손으로 울며 귀국' 보도 관련

설명," 고용노동부 홈페이지, 2020년 4월 10일.

10 사업장 변경 사유는 다음과 같다.

⑴ 사용자가 정당한 사유로 근로계약기간 중 근로계약을 해지하려고 하거나, 근로계약이 만료된 후 갱신을 거절하려는 경우

⑵ 휴업, 폐업, 제19조제1항에 따른 고용허가의 취소, 제20조제1항에 따른 고용의 제한, 제22조의2를 위반한 기숙사의 제공, 사용자의 근로 조건 위반 또는 부당한 처우 등 외국인 노동자의 책임이 아닌 사유로 인하여 사회통념상 그 사업 또는 사업장에서 근로를 계속할 수 없게 되었다고 인정하여 고용노동부장관이 고시한 경우

⑶ 그 밖에 대통령령으로 정하는 사유가 발생한 경우(대통령령에 "상해 등으로 해당 사업장 근무 곤란"을 규정)

"정책자료>대상자별 정책>외국인>외국인노동자 사업장 변경제도," 고용노동부 홈페이지. (최종검색일: 2022.03.18)

11 재입국 특례 취업 제도의 요건은 다음과 같다.

⑴ 취업기간 중 사업장 변경이 없을 것(단, 횟수에 산입되지 않는 사업장 변경 시는 최종 사업주와 근로계약 1년 이상 유지 필요)

⑵ 농·축산업, 어업, 100인 미만 제조업 및 서비스업(냉장·냉동 창고업, 건설폐기물처리업, 재생용 재료수집 및 판매업, 서적·잡지 및 기타 인쇄물 출판업, 음악 및 기타 오디오물 출판업)에 근무

⑶ 재입국 후 근로를 시작하는 때부터 1년 이상의 근로계약을 체결하고 있을 것

"정책자료>대상자별 정책>외국인>재입국 특례 외국인노동자 취업 제도," 고용노동부 홈페이지. (최종검색일: 2022.03.18)

12 박하얀·박채영, "임금 체불해도… 때려도… 이주노동자 옥죄는 '사업장 변경 제한'," <경향신문>, 2022년 1월 12일.

13 권순창, "'농업인' 바라보다 '농민' 놓치는 우리 농정," <한국농정>,

2020년 1월 1일.

14 "서울신문(10.17) '이주노동자 임금체불 사업장 허가 취소 단 한군데도 없었다.' 기사 관련," 고용노동부 홈페이지, 2019년 10월 17일.

15 "(설명) 한국경제(1.23) '최저임금 차등화 어렵다는 정부의 5대 불가론 … 과연 합당할까' 기사 관련," 고용노동부 홈페이지, 2019년 1월 23일.

16 캄보디아의 공식 통화는 '리엘(KHR)'이지만 대부분의 거래에서는 미국 달러(USD)가 사용된다. 1970년대 캄보디아의 집권 세력인 크메르 루즈가 공산사회를 만들기 위해 화폐 제도를 폐지한 적이 있어 캄보디아 사람들의 자국 화폐에 대한 불신이 큰 데다, 1991년 내전 종식 후에 약 2년간의 유엔 잠정 통치기에 달러가 대량으로 유입되면서 미국 달러가 통용되게 되었다. 현재 1달러에 약 4천 리엘이다.

17 National Institute of Statistics, Directorate General for Health, and ICF International, 2015, *Cambodia Demographic and Health Survey 2014*, Phnom Penh, Cambodia, and Rockville, Maryland, USA: National Institute of Statistics, Directorate General for Health, and ICF International.

18 "젖값이 많이 올랐어요!," <뉴스브리핑 캄보디아>, 2015년 3월 30일.

19 기민도, "감기약 먹고 마약범 몰린 이주노동자 구제 희망," <서울신문>, 2018년 9월 27일.

20 "산업연수생제도란," 고용노동부 서울남부고용노동지청 홈페이지, 2005년 11월 30일.

21 박양수, "외국인 산업연수생 평균임금, 국내근로자 초임의 81퍼센트 수준," <매일노동뉴스>, 2000년 8월 23일.

22 외국인고용관리시스템 홈페이지 내 용어사전을 참고했다. '산업연수생제도'에 대한 설명 전문은 다음과 같다. "1993년 11월 도입되었습니다. 연수생은 산업연수생(D-3 비자)과 구직연수생(E-8 비자)으로 나눌 수 있는

데 2002년 11월부터 산업연수생 연수 기간을 1년(연수 취업 2년 별도)으로 하고, 한국 노동법의 영향을 받는 기본 권리를 가진 신분입니다. 산업연수생은 배움을 통해 일을 하는 것이고, 구직연수생은 일의 경험을 가지고 있는 자가 직접 일을 하는 것입니다. 그러나 외국 인력을 근로자가 아닌 산업연수생 신분으로 고용함으로써 외국 인력의 편법 활용, 사업장 이탈, 임금 체불, 외국인 근로자의 인권 침해 등의 문제를 야기하였고 이후 2000년 4월부터 일정 기간 연수생으로 근무 한 후 근로자 신분으로 전환하여 취업할 수 있도록 허용하는 연수취업제를 시행하였으나 2004년 외국인 고용허가제가 시행되고 2007년 1월 1일 부터 추가적인 산업연수생의 도입을 중단하고 고용허가제로 일원화되면서 사실상 폐지되었습니다." (최종검색일: 2021.12.06)

23 양승엽, "헌법재판소의 고용허가제 합헌 결정과 시사점," 국회입법조사처 홈페이지, 2022년 1월 27일.

24 "고용허가제 국내 체류 외국인 근로자 취업활동기간 50일 일괄 연장 조치," 고용노동부 홈페이지, 2020년 4월 13일.

25 "외국인근로자, 체류 및 취업활동 기간 1년 연장," 고용노동부 홈페이지, 2021년 4월 13일.

26 정현종, 2008, 《광휘의 속삭임》, 문학과지성사, 55쪽.

27 "웰빙시대, 들깨 소비 증가 이유 있었네!," 대한민국 정책브리핑 홈페이지, 2012년 5월 23일.

28 "충남 주요 농산물 소득변동분석(2020년)," 충청남도농업기술원 홈페이지, 2020년 11월 16일.

29 국가통계포털 자료('밭작물 기계화율')를 참고했다.

30 란 페이치아의 대표 저서로는 두 권이 있다. *Global Cinderellas: Migrant Domestics and Newly Rich Employers in Taiwan* (2006)에는 대만 중상류층 여성들은 가사를 외부 시장에 맡기고, 필리핀과 인도네시아 출신

의 가사 이주노동자는 번 돈을 본국에 보내 가장 역할을 하면서, 고용주 여성과 가사 이주노동자가 어떻게 초국적 계층 형성을 만들어가는지 설명한다. *Raising Global Families: Parenting, Immigration, and Class in Taiwan and the US* (2018)에는 대만에 있는 중산층과 노동자 계층의 부모, 미국에 이민 온 중국계 중산층과 노동자 계층의 부모가 어떻게 아이들을 교육하고, 돌보고, 훈육하는지에 대한 비교 연구가 담겨 있다.

31 국제이주기구, 2011, 《이주 용어 사전》, 21쪽. 《이주 용어 사전》은 국제이주기구 한국대표부 홈페이지에서 확인할 수 있다.

32 김지혜, 2020, "가족이민제도의 계층적 구조와 이주노동자의 가족결합권 제한 비판," 《법제연구》, 58호.

33 International Convention on the Protection of the Rights of All Migrant Workers and Members of Their Families, adopted by de UN General Assembly resolution 45/158 (December 18, 1990). 이 협약의 한국어 전문은 미네소타대학 인권도서관 홈페이지에서 확인할 수 있다.

34 전혼잎, "불법체류자만 골라 일 시키고 임금 떼먹은 사업주," <한국일보>, 2018년 10월 14일.

35 "고용허가제정보>고용취업절차>외국인근로자고용관리," 외국인고용관리시스템 홈페이지. (최종검색일: 2021.12.02)

36 위성욱·김민욱·박진호·최종권·김호, "불법체류자 10명 쓰니 100명 쓰니 범칙금은 똑같아," <중앙일보>, 2019년 2월 19일.

37 "2020 출입국·외국인정책 통계연보," 출입국·외국인정책본부 홈페이지, 2021년 7월 2일.

38 엄진영·박준기·유찬희·김선웅, 2019, 《농업인력 지원을 위한 외국인근로자 관련제도 개선방안》, 한국농촌경제연구원.

39 "제조업분야 여성이주노동자 인권상황 실태조사," 국가인권위원회 홈페이지, 2017년 7월 11일.

40 "이주여성 농업노동자 성폭력 실태조사," 공감 홈페이지, 2017년 2월 13일.

41 이지혜, "성폭력 당해도 고용부 신고 기피… 여성 이주노동자들 옵니다," <한 겨레>, 2018년 10월 5일.

42 이에스더, "외국인 건보 의무가입 3개월… 8만 2000세대 보험료 체납," <중앙일보>, 2019년 10월 21일.

43 조영관, "외국인 '건보 차별' 왜 문제인가," <경향신문>, 2019년 9월 1일.

44 서한기, "외국인이 건보 무임승차?… 낸 보험료보다 받은 혜택 적어," <연합뉴스>, 2021년 10월 9일.

45 윤태석, "농어촌 이주노동자… 고용부·복지부 '핑퐁 게임'에 새우등," <한국일보>, 2021년 2월 6일.

46 김철효, "외국인 '비합법' 노동시장에 대한 이론적 검토,"《월간 노동리뷰》, 2020년 4월호.

47 "정 총리 '미등록 외국인, 단속보다 방역 차원에서 접근해야'," 대한민국 정책브리핑 홈페이지, 2020년 4월 29일.

48 "'외국인 노동자 대상 코로나19 전수검사' 행정명령을 철회하고, 인권의 원칙에 기반한 방역 정책을 수립하라," 시민건강연구소 홈페이지, 2021년 3월 19일.

49 홍정원, "방역 vs. 차별… 외국인 노동자 의무검사 논란," <연합뉴스>, 2021년 3월 19일.

50 "코로나19 이주민 백신 접종에 대한 이주인권단체 공동 의견서," 참여연대 홈페이지, 2021년 6월 22일.

51 박효민, 2021,《외국인과 코로나19 백신정책》, 2021-02호, 이민정책연구원.

52 "안심하고 코로나19 검사 및 백신접종을 받으세요," 법무부 출입국·외국인정책본부 홈페이지, 2021년 9월 9일.

53 정창화, "일본, 일손 부족 14개 업종 외국인 무기한 체류 허용 추진," <KBS>, 2021년 11월 18일.

54 Shahar Ziv, "California To Offer $500 'Stimulus Checks' To Undocumented Immigrants," *Forbes*, April 15, 2020.

55 "Mayor de Blasio Announces New York City COVID-19 Immigrant Emergency Relief Program with Open Society Foundations," *NYC*, April 16, 2020.

56 조환동, "불체자에 최대 10년 체류 허가," <한국일보>, 2021년 11월 22일.

57 이유리, "미국 중간선거 이민에 어떤 영향 미치나," <매일경제>, 2022년 10월 27일.

깻잎 투쟁기

2022년 5월 18일 초판 1쇄 발행
2024년 10월 18일 초판 7쇄 발행

- 지은이 ─────── 우춘희
- 펴낸이 ─────── 한예원
- 편집 ─────── 이승희, 윤슬기, 양경아, 김지희
- 본문 조판 ─────── 성인기획
- 펴낸곳   교양인
  우 04015 서울 마포구 망원로6길 57 3층
  전화 : 02)2266-2776 팩스 : 02)2266-2771
  e-mail : gyoyangin@naver.com

ISBN 979-11-87064-84-8   03300

* 잘못 만들어진 책은 바꾸어드립니다.
* 값은 뒤표지에 있습니다.